DIFE KAP BRIYE A

Dife 19-Seri 1

LEGLIZ SE YON MISTÈ

Avangou

Ala yon Bondye ki gen mizerikòd ! Gade ki jan li chwazi Abraram pou li distribye gras li pou tout nasyon sou la tè ! Jen. 12 :3

Depi lè saa, li anonse Legliz li ke li pral tabli sou tout latè. Sa se yon mistè nou pral dekouvri nan dènye tan an ak nan letènite tou. 1Pyè.1 :20

Bondye wè w zanmi mwen nan plan saa. Pa kanpe gade lwen. Vinn jwen Jezi pou w kabap jwi gras ki genyen ladan

Pastè Renaut Pierre-Louis

3

Leson 1
Li prevwa yon Legliz pou tout moun

Vèsè pou prepare leson an : Jen.12 :1-5 ; Eza. 42 :4 ;
Lik.9 :23-26 ; Ga.3 :16
Vèsè pou li nan klas la : Jen.12 : 1-5
Vèsè pou resite : Epi li kontinye di yo tout: "Si yon
moun vle swiv mwen fòk li bliye pwòp tèt li, fòk li pote
kwa l epi swiv mwen.Lik.9 :23
Fason pou fè leson an : Diskou, konparezon, kesyon
Bi leson an : Montre ke plan Bondye pou sove lèzòm
pa janmen chanje.

Pou komanse
Depi menm jou Letènèl bay Abraram lòd pou'l kite
peyi l, li te déjà fè plan pou sove lemonn antye.
I. Kijan pou nou prezante plan saa?
1. Bondye pale ak Abraram ki te yon payen kap viv
nan peyi Babilòn. Moun sa yo tap adore zidòl yo.
Sanble ke Abraram ta vle adore Bondye tout bon
an. Jen.12 :1-3
2. Konsa, menm sa nou jwen nan Nouvo Kontra a,
lè yon moun vin konvèti, se menm bagay la li
mande Abraram pou'l fè tou. Lik. 9 :23
   a. Li dwe renonse a moun kay li ; sa vle di pou'l
   kite kay manman'l ak papa'l, ak tout sa'l
   renmen. Jen.12 :1
   b. Li dwe renonse a peyi 'l ; sa vle di pou'l kite
   zidòl li te konn sèvi yo, ak tout kilti peyi' l la.
   Jen.12 :1
   c. Li dwe renonse a patri li ; sa vle di pou'l
   renonse a dwa sitwayen li te genyen nan peyi'l,
   ak tout privilèj li te konn jwenn ladan.

4

   d. Li dwe lage vi'l nèt sou kont Bondye a ki di'l
       « mache dèyè 'm ». Jen.12 :1
   e. Li dwe pou l mache toutotan Bondye pa bay li
       lòd pou' l kanpe. Se te yon fason pou misye
       pran distans li ak vi nan monn nan pou li
       sèlman adore Letènèl. Jen.12 :1

**II. Ki benediksyon Abraram ap jwen nan plan
saa ?**
Bondye ap fè'l vini yon gran nasyon. Jen.12 :2
  1. Li pral beni 'l.
  2. Li pral bay li yon gran repitasyon.
  3. L'ap vin yon sous benediksyon pou lòt pèp.
  4. Bondye ap beni tout moun ki fè'l dibyen.
  5. Li pral modi tout moun ki fè'l mal.
  6. Se sèlman nan Abraram tout moun sou latè a
      jwen benediksyon. Jen. 12 :3
      Tout peyi sou latè ki vle beni, yo dwe mete fwa
      nan Bondye tankou Abraram. E pou nanm ou
      sove, fòk ou gen la fwa nan Kris.
      Eza.42 :4 ; Ga.3 :16

Pou fini
Men ki jan Bondye te deklare plan Legliz pou tout
moun. Eske w vle manm ladan? Fè tankou Abraram,
mete konfyans ou nan Bondye.

Kesyon

1. Ki lè Bondye te mete deyò plan pou sove tout moun nan ? Lè li rele Abraram

2. Ki jan nou kap pale de plan saa?
   a. Bondye rele Abraram, yon payen ki tap viv nan peyi Babilòn.
   b. Li revele'l a Abraram tankou Bondye tout bon an.
   c. Li fè Abraram konvèti.

3. Ki jan de benediksyon plan saa gen ladan?
   a. Li pral beni 'l.
   b. Li pral bay li yon gran repitasyon.
   c. L'ap vin yon sous benediksyon pou lòt pèp.
   d. Bondye ap beni tout moun ki fè'l dibyen.
   e. Li pral modi tout moun ki fè'l mal.
   f. Se sèlman nan Abraram tout moun sou latè a jwen benediksyon.
   g. Tout peyi sou latè ki vle beni, yo dwe mete fwa yo nan Kris. Li te anonse sa nan Abraram ki yon senbòl la fwa pou nou sove.

4. Ki sa Abraram gen pou'l fè nan ka saa ? Li dwe gen fwa nan Bondye sèlman

5. Ki sa nou kapab wè nan plan saa? Legliz pou tout moun nan ki déjà deklare.

6

Leson 2
Legliz se yon mistè ki soti nan Jezikri

Vèsè pou prepare leson an : Jen.17 :5 ; 32 :28 ;
35 :22-26 ; 1Sam. 8 :6-7 ; Eza.49 : 6 ; Eze.37 :15-20 ;
Mat.11 :28 ; 16 :18 Jan.3 :16 ; Ga.3 :16 ; Ef.2 :8 ;
1Pyè.1 : 18-19
Vèsè pou li nan klas la : Mat.16 :13-20
Vèsè pou resite : Ou rele Pyè ki vle di wòk, pa vre?
Enben se sou wòk sa a mwen pral bati Legliz mwen an.
Menm puisans lanmò p ap ka gen viktwa sou li. Mat.
16 :18
Fason pou fè leson an : Diskou, konparezon, kesyon
Bi leson an : Montre demach ki fèt pou Legliz pou
tout moun nan ka tabli.

Pou komanse
Nou jwen Satan kap dominen toupatou, alawonnbadè.
Ki jan Bondye pral fè pou'l devwale Legliz la ki yon
mistè devan moun yo kap sèvi Satan?
I. Li mande pou tout moun kap konvèti.
1. Li komanse ak Abraram, yon payen nan peyi
Babilòn. Lè saa, li te rele Abram ki vle di **papa
ki ro a**, li chanje non'l, li rele'l Abraram ki vle
di **papa yon kòlonn pèp**. Ak madanm li Sara,
Abraram fè Izarak. Izarak se te papa Jakòb.
Jakòb vle di **mantè**. Bondye chanje non'l , li
rele'l Izrayèl, ki vle di **Zanmi Bondye**.
Jen.17 :5 ; 32 :28
2. Jakòb fè douz pitit gason ki bay nou douz tribi
nan Izrayèl. Jen.35 :22-26
3. Bondye te bay yo reskonsablite pou fè payen
konnen ke li se Bondye tout bon an pou yo
adore. Eza. 49 :6

a. Olyde sa, Izrayèl mete Bondye akote. Li vle mete yon wa sou tèt li tankou lòt nasyon yo genyen. 1Sam.8 :6-7

b. Bondye pini 'l pou sa. Kan lè a rive, Bondye vle fè tout moun gras. Li voye Jezikri pou sove nou. Se li ki wa sou tout wa. Li te pran nesans nan fanmiy Abraram. Jan.3 :16; Ga. 3 :16; Ef.2 :8

4. Li pat vin pou bati yon sinagòg. Li te deklare ke'l pral bati Legliz li, yon Legliz pou lemonn antye. Li pral genyen ladan ni jwif ni payen ki konvèti. Mat. 11 :28 ; 16 :18

5. Gen yon bagay pou 'm di nou : Pwofèt Ezekyèl te anonse ke Izrayèl ak Jida ki te dozado depi lontan, lontan, **yo pral retounen fè yon sèl.** Eze. 37 :15-20

6. Poutan, sou bwa kalvè a, Jezi siyen dokiman Sali a ak san'l **pou tou moun** nan lemonn antye. Jan.3 :16 ; 1Pyè.1 :18-19

Pou fini
Men sa nou rele Legliz ki yon mistè : Jezi ki vinn rekonsilye lemonn antye ak li menm, depi moun nan tan Abraram jouk rive jwenn nou. Bat pou w kap manm nan Legliz sa Jezi louvri pou tout moun nan.

Kesyon

1. Ki jan Bondye devwale mistè Legliz la nan mitan payen yo? Li mande pou tout moun kap konvèti.

2. Bay nou yon egzanp
   a. Li chanje non Abram ki vle di « **papa ki pi ro a** », li rele'l Abraram, ki vle di « **papa yon bann pèp** ».
   b. Li chanje non Jakòb ki vle di **mantè**, li rele'l Izrayèl, ki vle di **zanmi Bondye**.
   c. Douz pitit Jakòb yo tounen douz tribi Izrayèl yo. Letènèl te bay yo misyon pou fè konnen ki moun ki Bondye tout bon an.

3. Ki jan Izrayèl te fè jòb saa ?
   a. Izrayèl te betize.
   b. Li mande Bondye yon wa tankou lòt nasyon yo genyen.
   c. Yo mete Letènèl akote.

4. Ki lès ki vinn ranplase Izrayèl nan misyon saa e ki sal te fè ?
   a. Se Jezi-Kri. Li vini ak Legliz pou ranplase Izrayèl nan travay saa
   b. Pandan li te sou kwaa, li siyen ak san'l dokiman delivrans anba peche pou tout moun ki kwè nan li.

5. Ki premye mistè Legliz saa? Se rekonsilyasyon le monn antye ak papa Bondye lè w asèpte sakrifis Jezikri a sou bwa kalvè pou nanm ou kabap sove.

Leson 3
Mwen gen pou m bati Legliz mwen

Vèsè pou prepare leson an : Mat.5 :13-16 ; 11 : 28 ;
22 : 21 ; Tra.20 :28 ; 2Ko.6 :14-17 ; He.2 :3 ; Rev.1 :5
Vèsè pou li nan klas la : 2Co.6 :14-18
Vèsè pou resite : Ou se limyè lemonn. Lè yon vil chita
sou tèt yon mòn tout je ka wè l. Mat. 5 : 14
Fason pou fè leson an : Diskou, konparezon, kesyon
Bi leson an : Prezante Legliz Kris la ki detache de
monn saa.

Pou komanse
Ou pa jwenn mo Legliz la nan Ansyen Kontraa. Se Jezi
ki vini avè' l premye fwa nan Levanjil dapre Matye.
Mat.16 :18 An nou wè sa'l vle di

I. Men ki sa'l vle di.
Mo Legliz la soti nan lang grèk la. Li vle di : « Soti
nan monn nan». Konsa, Legliz nan mitan monn
nan, men li pa ansosye a vi nan monn nan. Li
tankou limyè pou monn nan. Mat. 5 :13-14

II. Ki bo Legliz la soti ?
  1. Li fèt sou bwa kalvè, kote Jezi te bay san li pou
     siyen kontra delivrans nou. Tra.20 :28
  2. Pa genyen yon gouvèman, ni moun nan ki pi rich,
     ni Satan pou peye dèt peche nou. Jezi sèl ki fè 'l
     pou nou ak san'l. Rev.1 :5b.
  3. Pou rezon saa, pi gran peche yon moun ta komèt
     se ta neglije yon si gran Sali. Ebre.2 : 3

III. Legliz sa konnen devlòpman'l tout bon vre nan jou Pantkòt la, kan Sentespri a te desann sou tou moun ki te nan sèvis jènn ak priyè nan chanmòt la. Tra.2 : 1-4

IV. Ki jan Legliz la te tabli :
1. Li fèt ak tout moun ki konvèti lè yo tande Levanjil. Mat. 11 :28
2. Li fèt ak tout kretyen kap mache dèyè Kris pou sove nanm yo ki pèdi a. Mat.28 : 19-20

IV. Ki misyon'l
1. Li dwe briye tankou limyè nan monn saa. Mat.5 : 16
2. Li dwe bay Levanjil la tou patou. Mk.16 : 15-16
3. Menm jan kretyen yo konnen pou obeyi gouvèman yo, pou yo peye taks e pou yo vote tou, se konsa tou kretyen dwe konnen ke yo sitwayen wayòm Kris la pou satisfè redevans yo a Kris la. Mat.22 :21 ; 2Ko.6 : 14-17

Pou fini
Pa kite zafè seremoni Legliz vlope nou pou nou pa jwen Kris. Degaje w pou fè w manm nan Legliz Kris la ki pou tout moun.

11

Kesyon

1. Ki lè nou jwenn mo Legliz la nan Nouvo Kontraa ? Kan Jezikri pale de sa.

2. Ki sa Legliz vle di ? Soti nan mitan yo

3. Ki kote li soti ? Sou kwa kalvè a, kote Jezi siyen Sali nou ak san'l.

4. Ki kote Legliz la vinn debòde ? Kan Sentespri a te desann sou apòt yo nan jou Pantkòt la.

5. Ki moun ki manm Legliz saa ?
   a. Moun ki tande Levanjil, ki konvèti
   b. Moun ki mete yo ansanm ak Kris pou al chèche nanm yo ki pèdi.

6. Ki misyon Legliz ?
   a. Li la tankou limyè pou klere monn nan.
   b. Li la pou reprezante Jezi-Kri gras a mesaj Levanjil la.

Leson 4
Mwen gen pou'm bati Legliz mwen (rès la)

Vèsè pou prepare leson an : Mat.16 :18 ; 28 :20 ;
Mk.16 :17 ; Jan. 10 :16 ; 17 :20 ; 1Co.3 :11 ; Ep.1 :4-6 ;
3 :9-10 ; Col.1 :18 ; 1Jan.3 :8
Vèsè pou li nan klas la : Col.1 :15-23
Vèsè pou resite : Li se tèt Legliz la ki se kò a.Li se
kòmansman tout bagay.Li se premye pami moun ki gen
pou leve soti vivan nan lanmò. Sa fè se li ki gen premye
plas epi se li ki pi enpòtan nan tout bagay. Kol.1 : 18
Fason pou fè leson an : Diskou, konparezon, kesyon
Bi leson an : Nap montre fiyansay Kris ak Legliz li ke
pèsonn moun pa kap kraze.

Pou komanse
Pou bati Legliz saa, se Bondye Papaa, Pitit la ak
Sentèspri a ki fè l. An nou wè ki jan sa fèt :

I. An nou komanse ak plan an
1. Kan Kris di : « Li gen pou'l bati Legliz li », se te
   yon pwojè ki te déjà pwograme depi anvan Monn
   nan te egziste. Ef. 1 : 4
2. Li ap fè'l pou glwa li . Ef.1 :5-6
3. Li ap fè'l pou devwale plan Bondye. Plan saa, se
   yon mistè ki kache andedan Bondye menm.
   Ef.3 :9
   Se li ki Levanjil nou gen jodia. Se yon tab gani ak
   tout pwovizyon ke Jezi mete devan nou.
   SatanLedyab pa kap chavire'l.
   Mat. 16 :18 ; Ef.3 :10
4. Li sèvi ak Legliz pou detri tout sa Dyab la fè.
   Mk. 16 : 17 ; 1Jan.3 :8b

Paske depi avan monn sa te kreye, Bondye te chwazi nou pou nou te kapab sen, san tach devan'l, paske li te déjà adòpte nou nan Jezikri avan nou te vin sou planèt saa. Ef.1 :4-6

5. **Se Jezi menm ki fondasyon Legliz li.** 1Ko.3 :11

6. **Se li menm tou ki tèt Legliz li.** Kol.1 :18

   a. Legliz pa kapab fonksyonen san Jezi-Kri ki tèt la.

   b. Si Legliz pa egziste, nou pap kapab konprann wòl JeziKri a tou, paske Legliz se kò li. Pa kapab gen tèt san kò, ni kò san tèt. Mat.28 :20 ; Ebre.13 :20

   c. Jezi toujou ap priye pou lòt brebi ki poko antre nan patiraj li. Li vle pale de payen yo ki gen pou konvèti. Jan.17 :20
   Li voye nou al chèche yo. Jan.10 : 16

Pou fini

Legliz Kris la poko ap finn bati jouk tan li tounen vinn chèche nou. An nou rete ansanm ak li nan travay li.

Kesyon

1. Ki moun ki fonde Legliz ? Papa Bondye, Pitit la ak Sentèspri a

2. Ki sa nou dwe konnen sou plan Bondye pou Legliz ?
   a. Bondye te déjà pwograme'l depi anvan Monn nan te egziste.
   b. Li te fè'l pou'l fete glwa li
   c. Li fè'l pou devwale plan Bondye.
   d. Li fèl pou bay nou Levanjil la ki yon tab gani ak tout pwovizyon ke Jezi mete devan nou.

3. Ki moun ki manm Legliz saa? Moun ki konvèti ki ale ak Kris ak cheche nanm yo ki pèdi a

4. Ki sa ki baz ak tèt Legliz ? Jezi

5. Ki rapò Kris genyen ak Legliz ?
   Legliz pa kapab fonksyonen san Jezi.

6. Koman Legliz ap fonksyonen kounyeya? Li toujou gen bagay ki pou fèt ladan jouk tan Jezi-Kris vini

Leson 5
Mwen gen pou'm bati Legliz mwen (dènye rès la)

Vèsè pou prepare leson an : 1Ko.3 :12 ;12 :1-11,27-28 ; Ef.4 :11-16 ;5 :23
Vèsè pou li nan klas la : Ef. 4 :11-16
Vèsè pou resite : Se li menm ki fè lèzòm kado divès pouvwa. Li bay kèk ladan yo pouvwa pou sèvi apòt, li bay lòt ladan yo pouvwa pou sèvi pwofèt, li bay lòt ankò pouvwa pou anonse bon nouvèl la, li bay dòt ankò pouvwa pou sèvi tankou pastè ak dirèktè. Ef. 4 :11

Fason pou fè leson an : Diskou, konparezon, kesyon
Bi leson an : Mete yonn apre lòt tout pouvwa Bondye bay pou devlope Legliz li

Pou komanse
Kan nou di ke Jezi se li menm ki ni tèt ni baz Legliz li, ki kote nou jwenn rès kò a ? 1Ko.3 :12 ; Ef. 5 :23

I. Se Jezi li menm ki chwazi yo
Li mete apòt , pwofèt , evanjelis , pastè yo ak dirèktè yo.

II.Ki wòl yo ?
1.Apòt yo se misyonè ki la pou plante Legliz.
2.Pwofèt yo se predikatè yo ki al preche Levanjil.
3.Evanjelist yo se kretyen ki angaje yo nan Evanjelization pou mennen nann yo bay Kris.
4.Pastè yo se yo ki kondi troupo a.
5.Doktè yo nan teoloji ,yo prepare pastè yo ak predikatè yo nan Seminè ak nan lekòl biblik.

III. Nan ki bi yo fè sa ?
a. Pou fòmen ouvriye e ede kretyen yo grandi nan
vi èspirityèl yo.
b. Pou grandi ministè a. Ef.4 :12
c. Pou edifye Legliz
d. Pou kretyen yo kap gen pi bon konprann.
Ef.4:13
e. Pou Legliz kap gen plis moun ladan. Ef.4:15
f. Pou kretyen yo ka ini e kenbe Levanjil la fèm.
Ef. 4 :16

IV. Ki zouti Bondye mete nan men yo pou fè travay saa?
Bondye bay yo douz don pou sa.
1Ko.12 :1-11 ; 27-28 ; Ef. 5 :23

Pou fini
Puiske Sentèspri a la pou mete tout bagay an amoni,
se pou chak kwayan jwe wòl yo. Konnen byen ke Jezi
ki mèt travay li a, pa lwen pou l vini. Se pou nou pare
pou resevwa blam ou byen rekonpans.

Kesyon
1. Ki pouvwa Legliz gen a dispozisyon l ?
    Apòt, pwofèt, Evanjelist, pastè ak direktè.
2.   Ki wòl yo chak ?
    a.   Apòt yo se misyonè ki la pou plante Legliz.
    b.   Pwofèt yo se predikatè yo ki al preche Levanjil
    c.   Evanjelist yo se kretyen ki angaje yo nan
         Evanjelization pou mennen nanm yo bay
         Kris.
    d.   Pastè yo se yo ki kondi troupo a.
    e.   Doktè yo nan teoloji, yo prepare pastè yo ak
         predikatè yo.

3. Nan ki bi y'ap travay ?
   a. Pou fòmen ouvriye e ede kretyen yo grandi nan vi èspirityèl yo
   b. Pou grandi ministè a
   c. Pou edifye Legliz
   d. Pou kretyen yo kap gen pi bon konprann.
   e. Pou Legliz kap gen plis moun ladan.
   f. Pou kretyen yo ka ini e kenbe Levanjil la fèm.

4. Ki zouti Bondye mete nan men yo pou fè travay saa? Bondye bay yo douz don pou sa

Leson 6
Satan antre nan Pyè pou'l kont desizyon Bondye

Vèsè pou prepare leson an: Mat.16:13-22 ; Lik.22 :31-34, 54-62;Jan.1 :40-42; 15:3; 1Pyè.1:18-19

Vèsè pou li nan klas la : 1Ko.3 :9-12

Vèsè pou resite : Fondasyon an poze deja. Se Jezi ki fondasyon an. Pèsonn pa ka poze yon lòt fondasyon. 1Ko.3 : 11

Fason pou fè leson an : Diskou, konparezon, kesyon Montre ke Jezi-Kri se li menm sèl ki baz Legliz li.

Pou komanse
Si w ta kwè ke se diplòm Seminè w, diplòm lekòl biblik ou ki kap fè w reyisi, mwen ta konseye w fè yon ti pale ak apòt Pyè.

I. Men ki sa'l t'ap di w
1. Mwen te batize nan Levanjil e mwen te pami premye disip li yo. Jan.1 :40-42
2. Mwen etidye pandan twazan nan Seminè Kris la. Se mwen ki te toujou loreya nan tout egzamen li te bay nou. Mat.16 : 13 -18
3. Mwen te kwè ke li te pra'l bati Legliz sou non mwen, **Petros, ti wòch la.** Blag !
   Li bati'l sou tèt pa'l, **Petra** (gwo wòch moun pa kapab souke a.). Mat. 16 :18
4. Mwen pa konn kote Satan soti pou'l mete yon vye lide nan tèt mwen. Mwen rele Jezi akote pou 'm di'l. « Retire nan tèt li zafè al soufri pou mouri pou moun ». Li rele sou tèt mwen e li di : « Wete kò w sou mwen, Satan ». Mat. 16 : 21-22
   a. Avan li te mouri, li kanpe devan tout klas la pou di m :

« Simon, Satan mande otorizasyon pou'l frote w anba pye, men mwen lapriyè pou ou, pou konfyans ou nan Bondye pa febli. « Kan w vin konverti, wa bay frè w yo fòs ». Lik.22 :31-34

b. Mwen te refize kwè sa, paske mwen te konte sou fòs pa mwen pou 'm pa't chite. Lik.22 :33-34

c. Poutan mwen fè sèman twa fwa devan moun ki pa menm konvèti pou'm di ke'm pa konn Jezi. Lik.22 : 54-62

d. Se pita mwen va konnen ke Legliz Kris la pa materyèl men li èspirityèl. Li bati'l ak san 'l 1Pyè.1 :18-19

e. Ma konnen tou ke pa genyen moun ki kap mennen vi kretyen an si l pa gen Sentèspri a. Jan.15 :3

Pou fini
Nap toujou mande w pou w kontribye pou bati yon tanp ononde Jezi. Mwen vle w sèlman sonje ke se Jezi sèl ki bati Legliz li. Li bati'l ak san'l e Satan pa genyen okenn pouvwa sou li. Mat. 16 : 18

Kesyon

1. Ki erè Pyè te komèt nan zafè Levanjil la ?
   a. Li te kwè ke twazan nan Seminè Jezikri a te kap fè'l yon gran pastè
   b. Li te kwe tou ke Kris ta pral bati Legliz la sou li menm, apòt Pyè.
   c. Li te kwè li te yon moun konvèti, ke li pat janm ka chite.

2. Ki diferans ki genyen ant Petros e Petra ?
   a. Petros se yon ti grenn wòch. Petra se yon gwo bit wòch.
   b. Apòt Pyè se yon ti piti wòch devan Kris ki yon gwo, gwo wòch.

3. Eske Pyè te Satan tout bon vre kan Jezi te kouri dèyè'l? Se te yon move lèspri ki te anjandre Pyè.

4. Ki sa nou aprann nan sa ?
   a. Fòs nou gen limit.
   b. Nou pap janm kapab mennen yon vi kretyen san asistans Sentèspri a.
   c. Legliz Kris la pa materyèl. Li èspirityèl

5. Vre ou fo
   a. Si 'm bati yon tanp pou Kris, la'p oblije bay mwen yon plas nan syèl la. __V __F
   b. Syèl Jezi a twò lwen, pito yon moun bati syèl ou isit ak kòb ou pou w pran plezi. __V__ F
   c. Pa gen moun ki kap mennen vi kretyen an san asistans Sentèspri a. __ V__F
   d. Syèl ak lanfè pa egziste. Apre lanmò, tout bagay fini. __ V __F

Leson 7
Ki sa Bondye fè pou li tabli Legliz li

Vèsè pou prepare leson an : Mk.16 :15 ; Lik.4 : 18-19 ; 5 :20 ; 23 : 34 ; Jan.16 :13 ; Tra.1 :8 ; 2 :41 ; 6 :7
Vèsè pou li nan klas la : Tra. 1 :1-11
Vèsè pou resite : Men lè Sentespri a va vini sou nou, l ap ban nou puisans. Lè sa a, n a rann temwanyaj de mwen nan Jerizalèm, nan tout peyi Jide a, nan Samari rive jouk nan dènye bout latè."Tra.1 :8
Fason pou fè leson an : Diskou, konparezon, kesyon
Bi leson an : Montre ki jan Sentèspri a travay pou Legliz Kris la ka fonde.

Pou komanse
Jezi vini ak yon pwogram ki fè Jwif yo sezi :
Angwo, men sa l ye :

I. Sentèspri Bondye sou li , li chaje 'l :
1. Pou geri moun ki gen kè kase ;
2. Pou anonse Bòn Nouvèl a pòv yo
3. Pou fè tout prizonye yo konnen yo lage
4. Pou fè tout avèg yo wè ;
5. Pou delivre moun ya'p maltrete yo.
   Lik. 4 : 18-19

II. Sentèspri Bondye a mete l nan pozisyon
1. Pou padonen pechè yo san okenn kondisyon
   Lik.5 :20
2. Pou deklare yon padon pou tout moun:
   Se sa li te fè sou kwaa. Li ofri padon pou nou jodia e pou moun ki gen pou yo konvèti yon jou. Lik.23 : 34

3. Pou voye apòt yo nan misyon tou patou.
   Mk.16 :15 ; Tra.1 :8
   a. Yo dwe komanse depi nan Jerizalèm, pou
      yo ale apre sa nan Jide. *Misyon sa fasil.*
   b. Apre sa pou yo ale Samari. Là, fòk yo
      preche Samariten yo, moun yo lènmi ak yo
      depi lontan. *Misyon sa difisil.*
   c. Apre sa yo pral pran batiman pou al preche
      moun lòt nasyon yo ki pale lòt lang e ki gen
      lòt mès tou. Pral gen gwo depans ki pou fèt.
      Misyon sa enposib.

III. Sentèspri Bondye a fè pwovizyon.

1. Avan Jezi te voye apòt yo toupatou nan monn
   nan, li bay yo Sentèspri a. Se pisans sa ki te
   pèmèt twa mil moun ki soti toupatou pou yo
   te konvèti. Tra.2 : 41
2. Te gen menm yon bann prèt ki te kite zafè Lwa
   Moyiz la ak tout Saba a pou yo te konvèti.
   Tra.6 :7

Pou fini

Se menm Espri sa ki la ak nou jodia pou fè nou konnen
tout verite a. Eske wap obeyi'l ? Jan.16 : 13

23

Kesyon

1. Ki jan de pwojè Jezi-Kri te genyen?
   a. Pwojè pou geri moun ki gen kè kase ;
   b. Pou anonse Bòn Nouvèl a pòv yo
   c. Pou fè tout prizonye konnen yo lage
   d. Pou fè tout avèg yo wè ;
   e. Pou delivre moun ya'p maltrete yo

2. Nan ki pozisyon Sentèspri a mete'l ?
   a. Pou padonen pechè yo san okenn kondisyon
   b. Pou deklare yon padon pou tout moun:
   c. Pou voye apòt yo nan misyon tou patou.

3. Prouve ke Sentèspri a te fè pwovizyon
   a. Se pisans li ki te pèmèt twa mil moun ki soti toupatou yo te konvèti.
   b. Te gen menm yon bann prèt ki te kite zafè Lwa Moyiz la ak tout Saba a pou yo te konvèti.

4. Ki wout Jezi te bay apòt yo pou yo te fè pou ale toupatou a
   Yo dwe komanse a Jerizalèm pou ale nan Jide, nan Samari. Apre sa pou yo travèse lanmè ale toupatou.

5. Pou kounyeya, ki sa ki Jerizalèm nou ? Kay kote nou rete ak katye kay nou.

24

Leson 8
Men twa gran chanpyon nan misyon Kris la

Vèsè pou prepare leson an : Lik. 9 :52-56 ; 22 : 47-52
; Tra. 4 : 4-22 ; 5 :41 ; 8 : 1-3 ; 9 : 9-15 ; Rom.8 :39-40 ;
2Ko.12 : 6-10 ; Ti.2 :1 ; Rev.1 :9-11 ; 13 :15-18
Vèsè pou li nan klas la : 2Ko.12 :6-10
Vèsè pou resite : Men, Senyè a di Ananyas: "Al fè sa
m di w la, paske nonm sa a se yon enstriman mwen
chwazi pou rann temwanyaj pou mwen devan payen
yo, devan wa yo ak tout pèp Izrayèl la.. Tra.9 :15
Fason pou fè leson an : Diskou, konparezon, kesyon
Bi leson an : Montre ki jan Bondye ka chwazi nenpòt
ki moun pou fè travay li.

Pou komanse
Ki moun ki ta di gen de moun Bondye ap prepare san
yo pa konnen pou fè travay li ?

I. Nou bay kèk nan yo :
  1. **Dabo Pyè**, yon nonm ki toujou cho pou'l pale:
     Misye pa pran tan pou 'l koupe zorèy sèvitè gran
     prèt la. Se Jezi ki kouri repare zorèy nonm nan.
     Lik.22 :50-51
  2. **Pòl,** yon nonm brital
     Li antre kay moun Levanjil yo pou dechouke yo.
     Jezi konvèti'l e li angaje 'l nan travay li.
     Tra. 8 :3 ; 9 :15
  3. **Jan, yon jennonm ki gen san cho**
     Li pa pè mande Jezi pou fè loray boule moun yo
     ki refize'l lòjman nan otèl yo. Jezi blânmen'l pou
     sa. Lik.9 : 54-56
     Men tanperaman twa (3) chanpyon Levanjil la
     kant li te komanse preche.

25

II. An nou bay detay sou sa

1. **Dabò apòt Pyè**
   Li te santi'l kontan kant yo tap maltrete 'l pou tèt non Jezi. Li pat pèdi la fwa kant tribinal la tap mete presyon sou li pou'l te renye Jezi. Tra.4 :19-20 ; 5 :41

2. **Apre li se te apòt Pòl**
   a. Malgre tout kalite eprèv li te soufri, li rive di : « Se yon plezi pou li kant lap soufri pou Kris ». 2Ko.12 : 10
   b. Li ekri nèf gwo lèt a Legliz yo ak twa gwo lèt a pastè yo e yonn a yon zanmi'l. Lèt sa yo se yon gwo trezò yo ye pou Levanjil la.
   c. Pou fini nap pale de Jan
   Ayè li te vle touye Samariten yo, men jodia, li al ede Filip bay moun sa yo Levanjil. pou yo konvèti. E li ekri pou Legliz yo yon Levanjil, twa bon jan lèt ak Revelasyon dènye tan an.
   d. Rev. 1 :9-11

3. **Sa te rive fèt gremesi Sentespri a ki antre nan vi yo. Swadi antre nou, Si moun sa yo pat ekri liv sa yo, ki sa nou ta genyen jodya kòm rèsous pou Levanjil l? Nou ta gen kèk ti brochi.**

Men gras a fwa yo,
1. Fwa nou fòtifye
2. Legliz gen yon bon baz nan dotrin li. Ti.2 :1
3. Li grandi gras a evanjelizasyon. Tra.4 :4
4. Li proteje kont moun ki vle detounen fwa nou. Rom.8 : 39-40
5. Li avèti nou kont Misye yo rele 666 la. Rev.13 : 15-18

26

Pou fini

Moun sa yo se pilye yo ye nan Legliz Kris la. E ou menm ki sa w reprezante nan Levanjil la?

Kesyon

1. Di ki feblès Pyè, Jan ak Pòl te genyen: Pyè te cho pou'l pale, Jan te gen san cho, Pòl te brital.

2. Montre nou sa
   a. Pyè koupe zorèy sèvitè sakrifikatè a.
   b. Pòl antre kay kretyen yo pou dechouke yo.
   c. Jan mande pou loray kraze Samariten yo ki refize bay lòjman nan otèl yo.

3. Kote tout sa te soti ? Okenn nan yo pat ko gen Sentèspri.

4. Prouve gwo chanjman nan Pyè.
   Li te kontan kan yo te maltrete'l pou non Jezi.

5. Prouve chanjman nan Pòl
   Li te kontan lè lap soufri pou Kris.

6. Prouve chanjman nan Jan.
   Li mete 'l ansanm ak Filip pou preche Samariten yo li te vle detri a

Leson 9
Fouryapòt ki vle konnen Mistè ki genyen nan Legliz.

Vèsè pou prepare leson an : Eza. 7 :14 ; 53 : 5-10 ; Mich.5 :1; Ef.3:10; Kol.1 :26; Ebre. 1 :14; 1Pyè.1 :1-14; Rev.12:12

Vèsè pou li nan klas la : 1Pyè.1 :10-13

Vèsè pou resite : yèl yo, se pou n rejwi nou ansanm ak tout sa ki nan syèl yo! Men sa va tèrib pou latè a ak lanmè a, paske dyab la ranvèse tonbe sou nou. Li move, li an kòlè, paske l konnen l pa gen anpil tan ankò.". Rev.12 :12

Fason pou fè leson an : Diskou, konparezon, kesyon
Bi leson an : Montre ki jan Anj yo, pwofèt yo, e menm Satan ap chèche konnen privilèj Bondye bay nou ke yo pat konnen.

Pou komanse
Zafè mistè Legliz sa fè anpil moun louvri zye yo. Ki moun yo te ye?

I. Premye se anj yo
1. Yo menm se èspri yo ye ki sou zòd Bondye. Djòb se pou yo rann nou sèvis e ranje yo yon fason pou payen yo jwen chemen Bondye. Ebre.1 :14
2. Bondye pa bay yo dwa pou konnen anyen de Sali nou. Se sak fè ya'p chèche konnen. 1Pyè.1 :12b

II. Dezyèm nan se pwofèt yo

1. Pwofèt yo te fouye anpil, epi yo te eseye aprann anpil bagay sou delivrans sa a. Yo te pale anpil sou gras Bondye te pare pou nou an.
2. Yo te travay di pou yo te ka konnen nan ki epòk ak nan ki sikonstans bagay Lespri Kris la tap di yo a te gen pou rive.
3. Bondye fè pwofèt yo konnen sèvis yo t ap fè a se pat pou yo menm. 1Pyè.1 :12
4. Yo sèlman konnen ke Kris ta gen pou fèt nan bouk Betleyèm de yon fiy vyèj ; li ap gen pou'l soufri, pou'l mouri e pou'l sove pechè yo. Se sa se a. Eza. 7 :14 ; 53 : 5-10 ; Mi.5 :1

III. Dènye a se Satan

1. Li pran nan yon koudeta ! Lè l rive konnen tout bon vre zafè mistè Legliz la, tro ta bare'l. Kol.1 :26
2. Pou'l fè pi vit, li desann ak gwo kòlè. Se pa de dega li pa fè.
   a. Ak viris pandemi an,
   b. Ak vi imoral yo pase tankou yon lwa,
   c. Ak moun ki rasis ki pa vle wè lòt moun. Rev.12 :12b
3. Satan wè jou bare'l, li pap kapab fè Legliz anyen. Ef.3 :10

Pou fini

Legliz, se ou menm kretyen. Ou menm se yon mistè ! Gade fwa w nan Jezi e preche pawòl la jouk tan Senyè a vin chèche w.

Kesyon

1. Di nou twa moun ki te vle dekouvri mistè Legliz la: Anj yo, pwofèt yo ak Satan

2. Pouki sa Anj yo?
   a. Se espri yo ye kap sèvi Bondye.
   b. Yo isit la pou rann nou sèvis
   c. Bondye anpeche yo konnen detay sou Sali nou.

3. Pouki sa pwofèt yo?
   a. Yo vle konnen de nou sa ki pa regade yo.
   b. Bondye fè yo tou konn sa.

4. Pouki sa Satan ?
   Se pou'l konnen mistè Legliz la, men fòk se pa tou swit.

5. Ki sa Satan fè lè'l wè jou bare'l
   a. Li pèsekite lezom a gè chimik
   b. Li fè moun yo fè lwa pou aprouve imoralite
   c. Li fè moun blan pa vle wè kèk lòt ras.
   d. Li bat pou detri moun an kantite nan nenpòt fason.

6. Ki sa nou dwe fè nan ka saa ? Preche Pawòl la ak kouraj pou Jezi vini pi vit vinn chèche nou.

Leson 10
Ki sa kap rive Legliz Kris la

Vèsè pou prepare leson an : Mat.28 :18-20 ; Jan. 14 :3 ; 20 :23 ; Rom.6 :4 ; 2Ko.5 : 20 ; Ef. 1 :15-23 ; 2 :6 ; Kol. 3 :3 ; 1Pyè.4 :1 ; Rev. 22 :3 ; 20 :10
Vèsè pou li nan klas la : Rev.22 :1-7
Vèsè pou resite : Lè m va ale, epi m va fin prepare yon plas pou nou, m ap tounen epi m ap pran nou avèk mwen. Konsa, kote m ye a se la nou va ye tou. Jan.14 :3
Fason pou fè leson an : Diskou, konparezon, kesyon
Bi leson an : Ankouraje kretyen yo pou yo rete fidèl pou tann Jezi vinn chèche yo.

Pou komanse
Avan pou Legliz pataje glwa Kris la, li va gen pou'l konnen twa (3) gwo eprèv pou wè si'l kalifye.

I. Dabò dapre pozisyon'l sou tè a
1. Li dwe ranpli wòl li tankou anbasadè Jezi-Kri nan monn pèdi a. 2Ko.5 : 20
Se yon fason pou'l reprezante Kris pi byen, e fè pwopagann pou wayòm nan kap vini an. Konsa la gen pou'l soufri pou Kris. 1Pyè. 4 :1
2. Antanke fiyanse'l , Jezikri bay li otorite pou'l pran nenpòt ki desizyon ke li va ratifye. Mat.28 :18-20 ; Jan.20 :23

II. Answit, dapre pozisyon'l nan syèl la :
1. Depi menm lè Kris mouri pou nou sou bwa Kalvè a, nou gen plas nou rezève akote Kris. Gras a la fwa nou, nou resisite ak Kris pou nou mennen yon lòt vi. Rom.6 :4

2. Gras a fwa nou ankò, nou chita adwat papa
Bondye, akote Kris nan syèl la paske vi nou
kache ak Kris nan Bondye. Gwo mistè wi, men
se tout bon vre. Jan.14 : 3 ; Ef.2 : 6 ; Kol.3 :3

III. Anfen, dapre vi nan glwa Bondye kap tann nou. Ef. 1 : 15-23

1. Kretyen yo, nou pral kouronen ak Kris nan nòs
la kap fèt nan Jerizalèm nan ki anwo a.
Rev.22 :3

2. Anj yo ak Arkanj yo gen pou bay nou wochan.
Jan.14 :3 ; Ef. 1 :20-21

3. Menm lè saa, Bondye pral jete Satan nan labim,
nan saldatant pou mò yo ansanm ak moun ki
gen sou yo mak Bèt la. Rev.19 :20 ; 20 :10

Pou fini

Puiske se sa kap tann nou, mwen ta soupriye w pou w
pran vi kretyen w oserye. Konsa lè Bondye ap fè apèl
nan syèl la, ou va reponn prezan.

Kesyon

1. Ki sa Legliz dwe fè pou'l kalifye ?
   a. Li dwe ranpli wòl li tankou anbasadè Jezi-Kri nan monn pèdi a.
   b. Li dwe fè pwopagann pou wayòm Kris la kap vini an.
   c. Li dwe asepte soufri pou Kris

2. Ki resous Jezi kite pou li ?
   Jezi aprouve davans tout desizyon li pran.

3. Ki jou li resevwa pouvwa saa ?
   a. Depi menm jou li mouri ak Kri e li resisite ak Kris.
   b. Depi menm jou vi'l kache ak Kris nan Bondye.

4. Ki jan li pral pwan glwa ?
   Li va kouwonen ak Kris nan jou nòs la

5. Lè sa ki kote Satan pral ye ?
   Nan lye toumant la.

6. Ki sa pawòl la rekomande nou ?
   Pou nou pran vi kretyen nou oserye. Lè Bondye ap fè apèl pou'n ka reponn prezan.

33

Leson 11
Dimanch Ramo: Istwa yon ti bourik

Vèsè pou prepare leson an : Sòm.100 :3 ; Mat. 21 :4-6 ; Mk.11 :4 ; Lik.19 :28-40 ; 1Ko.2 :14 ; Ef.4 : 18-19 ; Kol.1 :16 ; Rev.1 :8

Vèsè pou li nan klas la : Lik.19 :28-40

Vèsè pou resite : Pitit la te la anvan tout bagay te kreye. Epi se pa mwayen Pitit la tout bagay kontinye egziste. Kol.1 :17

Fason pou fè leson an : Diskou, konparezon, kesyon

Bi leson an : Montre ke pa gen fòs ke Jezi pa dominen

Pou komanse

Ki moun ki tap janm kwè ke Jezi ki fè tout bagay la, ta chwazi pou'l monte yon ti bourik san donte pou'l ale nan yon gwo fèt ? Poutan se konsa 'l te vle'l. Ki sa'l te fè ?

I. Li voye chèche yon ti bourik san donte, kay mèt li yo. Lik.19 :33

II. Pouki sa li vle yon ti bourik san donte ?
1. Se paske sa te prevwa depi lontan, fòk li akonpli. Mat.21 :4-6
2. Se pou tout moun ka rekonèt Jezi pou kreyatè ni bourik la ni mèt bourik la. Sòm. 100 : 3
3. Se pou tout moun ka rekonèt li premye nan tout bagay. Rev.1 :8

III. Ki sityasyon ti bourik la kounyya ?
1. Li te san donte, li sovaj. Lik.19 :30-33
2. Li te gen plizyè mèt. Yo te oblije mare'l tou pre pòt kay la pou yo kontwole'l , diminye dega li kap fè. Mk.11 :4

IV. Ak ki sa ti bourik san donte a sanble ?

Li sanble ak yon moun ki pa gen Kris nan vi'l
1Ko.2 :14

1. Li pa asèpte pèson korije'l. Kan w pale ak li, li fè pi mal. Ef.4 :18-19
2. Li di w sa'l vle nan bouch li. Li bay ou gwo repons e li bay ou move jan.

V. Ki privilèj ti bourik sa te jwenn ?

1. Se Jezi ki kreye bourik la ki te chwazi l. Vi li pran yon lòt direksyon depi lè saa. Kol.1 :16
2. Li pral abiye pou la premye fwa e li pral pataje glwa Jezikri. Lik.19 :35-36
3. Ak Jezi, li pral sispann ranni sou moun, li pral sispann bay moun kout pye tout la jounen. Li resi jwen mèt li. Li resi donte!

Pou fini

Tanpri asèpte ke Jezi fè otorite sou vi w. Depi lè saa yo pap rele w ti bourik san donte, men yo va rele w ti Limouzin Jezikri a , Senyè ki nan glwa li a.

Kesyon

1. Ki vwati Jezi te chwazi pou'l al nan fèt Jerizalèm nan? Yon ti bourik san donte

2. Pouki li te fè sa?
   a. Se paske sa te prevwa depi lontan fòk li akonpli.
   b. Se pou tout moun ka rekonèt Jezi pou kreyatè ni bourik la ni mèt bourik la.
   c. Se pou tout moun ka rekonèt li premye nan tout bagay

3. Ki sa mèt li yo te fè pou kontwole'l ?
   Yo te oblije mare'l tou pre pòt kay la pou yo kontwole'l , pou diminye dega li kap fè

4. Ki sa ti bourik san donte a te reprezante ? Yon moun ki pa gen Kris nan vi 'l

5. Ki jan de privilèj ti bourik sa te jwi ?
   a. Se Jezi ki kreye bourik la ki te chwazi l.
   b. Vi li pran yon lòt direksyon depi lè saa.
   c. Li pral abiye pou la premye fwa e li pral pataje glwa Jezikri.
   d. Ak Jezi, li pral sispann ranni sou moun, li pral sispann bay moun kout pye tout la jounen.
   e. Li resi jwen mèt li. Li resi donte!

Leson 12
Dimanch Pannkòt la

Vèsè pou prepare leson an: Lev.23 :11-16; Lik.22 :20; Jan. 1:17; 4:24; Tra.1 :8; Rom.6 :4; 12 :1-3; 2Ko.5 :17; Ga.3 :24; 5 :18; Kol.2 :16; Ebre.10: 10-14
Vèsè pou li nan klas la : Lev. 23 : 9-16
Vèsè pou resite : Wi, n'a konte senkant jou. Sa va mennen nou sou jou ki vini apre setyèm jou repo a. N'a fè yon lòt ofrann grenn jaden bay Seyè a. Le. 23 :16
Fason pou fè leson an : Diskou, konparezon, kesyon
Bi leson an : Pale de fason Legliz resi devlope

Pou komanse
Eske se vre ke Pannkòt la nan ansyen Kontra se te yon anons ke Sentèspri a tap vini pou tabli Legliz Kris la? An nou wè sa:

I. Ki jan fèt Pannkòt la te fete nan Ansyen Kontraa?
1. Nan jou Saba ki vini apre fèt Pak la, pèp la te gen pou sekwe zepi yo devan Letènèl. Se te premye donn avan gran rekòt la. Le.23 :11
2. Jou saa, yo ofri bay Letènèl sakrifis yon ti **mouton san defo**. Le. 23 : 12
3. Jou ki fè senkant jou apre sèt Saba a, sa vle di nan dimanch, se jou Pankòt la. Letènèl mande pou yo **bay yon ofrann tou nivo**. Se li yo rele fèt mwason an. Le.23 :16

II. Ki ofrann tou nivo saa ?
Se Alyans tou nèf la ki va fèt ak san ti mouton an yap anonse. Depi Jezikri finn bay san'l sou bwa

37

Kalvè a , zafè touye bèt pou peche moun nan , sa fini. Lik.22 :20 ; Ebre.10 :14

1. Se yon vi **tou nivo** pou moun li rachte yo. 2Ko.5 :17

2. Se fondasyon yon **Legliz tou nivo ak yon direksyon tou nivo** : Mwason yap pale de li a, se Levanjil ki pral preche pou anpil nanm ka sove gremesi pisans Sentèspri a. Tra.1 :8 ; Ebre.10 :10

3. **Pannkòt tou nivo a se Sentèspri ki pral desann sou tout sèvitè ak sèvant Bondye pou yo ale chèche nanm pèdi yo.** Tra. 2 :17-18
   a. Nou pa sou Lwa Moyiz la ankò. Rom.6 :4 ; Ga. 3 :24 ; 5 :18 ; Jan.1 :17
   b. Nou pa obsève Saba ankò paske repo tout bon nou an se Kris. Kol.2 : 16

4. Se moman pou yon **Ofrann tou nivo:** Puisque Kris te soufri pou nou nan kò li, nou menm nou dwe soufri pou li tou, paske nou dwe ofri kò nou pou li tankou yon sarifis tout vivan. Rom.12 : 1

Pou fini

Legliz ap konte sou pwomès Kris pou li kap fonksyonen. Kris ap konte sou fidelite Legliz pou'l retounen. Eske nou dakò ak negòs la ?

Kesyon

1. Ki sa Pannkòt la nan Ansyen Kontra te vle di ? Kris kap etabli Legliz li gras a pisans Sentèspri a ki te desann nan jou Pannkòt la pou fonde Legliz

2. Ki jan li te selebre nan ansyen Kontraa ?
   a. Pèp la souke premye donn yo devan Letènèl.
   b. Apre sa yo sakrifye yon ti mouton ki san defo.

3. Nan ki dat yo te fè sa ? Nan jou ki fè senkan jou la apre sèt saba, sa vle di dimanch, premye jou nan senmenn nan.

4. Ki sa Letènèl te mande pèp la ? Yon ofran tou nivo ke nou rele mwason.

5. Ki sa ofrann tou nivo a te reprezante ?
   a. Yon kontra **tou nivo** ki pral fèt ak san Jezikri
   b. Yon vi **tou nivo** pou moun yo li rachte a
   c. Yon Legliz **tou nivo** ki va bati ak san li
   d. Vi nou tankou yon sakrifis tou vivan e ki fè Bondye plezi.

Lis vèsè yo

1. Epi li di yo tout: Si yon moun vle mache dèyè m', se pou li bliye tèt li. Se pou li chaje kwa l' sou zèpòl li chak jou, epi swiv mwen.Lik.9 :23

2. Mwen menm, men sa m'ap di ou: Ou se yon wòch, Pyè. Se sou wòch sa a m'ap bati Legliz mwen. Ata lanmò p'ap kapab fè l' anyen. Mat.16 :18

3. Se limyè nou ye pou moun sou latè. Moun pa kapab kache yon lavil ki bati sou yon mòn. Mat.5 :14

4. Se li ki tèt Legliz la, Legliz la se kò li. Se li menm ki bay kò a lavi. Se li menm an premye ki te leve soti vivan nan lanmò pou l' te ka gen premye plas nan tout bagay.. Kol.1 :18

5. Se li menm ki fè lèzòm kado divès pouvwa. Li bay kèk ladan yo pouvwa pou sèvi apòt, li bay lòt ladan yo pouvwa pou sèvi pwofèt, li bay lòt ankò pouvwa pou anonse bon nouvèl la, li bay dòt ankò pouvwa pou sèvi tankou pastè ak dirèktè. Ef.4 :11

6. Paske fondasyon an deja la: se Jezikri. Pesonn pa ka poze yon lòt.1Ko.3 :11

7. Men, lè Sentespri a va desann sou nou, n'a
   resevwa yon pouvwa. Lè sa a, n'a sèvi m' temwen
   nan Jerizalèm, nan tout peyi Jide ak nan tout peyi
   Samari, jouk nan dènye bout lat. Tra.1 :8

8. Men, Seyè a di li: Ale. Paske nonm sa a, mwen
   chwazi l' pou sèvis mwen, pou l' fè tout moun
   konnen non mwen, moun lòt nasyon yo ak tout
   wa yo ansanm ak pèp Izrayèl la. Tra.9 :15

9. Se poutèt sa, fè kè n' kontan, nou menm sièl ak
   tout moun ki rete nan sièl la. Men, malè pou latè
   ak lanmè, paske Satan desann sou nou. Li move
   anpil, paske li konnen pa rete l' anpil tan ankò.
   Rev.12 :12

10. Lè m'a fin pare plas la pou nou, m'a tounen vin
    chache nou. Konsa, kote m'a ye a, se la n'a ye tou.
    Jan.14 :3

11. Kris la te la anvan tout bagay. Se nan li yo tout
    jwenn plas yo. Kol.1 :17

12. Wi, n'a konte senkant jou. Sa va mennen nou sou
    jou ki vini apre setyèm jou repo a. N'a fè yon lòt
    ofrann grenn jaden bay Seyè a. Le.23 :16

DIFE KAP BRIYE A

Dife 19 -Seri 2

KI JAN PI PITI A KA JWEN JISTIS

Avangou

Te genyen yon powèt fransè, nan disetyèm syèk la, yo te rele LaFontèn. Li te ekri yon fab ki rele « Le Loup et l'Agneau » e li te demontre ke « kote gwo ye, piti pa viv ». Se sa nou toujou wè nan la vi a. Men Bondye pa dakò ak sa. Li toujou kanpe pou sila ki pi piti a. Nou ekri pati saa pou ede w aji fwa w, sitou lè w andanje. Pa kite moun kraponen w. Kouri jwen papa Bondye nan syèl la. Wa banm nouvèl.

Pastè Renaut Pierre-Louis

Leson 1
Bondye pote Izmayèl sekou

Vèsè pou prepare leson an : Jen. 12 :1-16 ; 16 :1-12 ;17 :20-26

Vèsè pou li nan klas la : Jen.16 : 5-12

Vèsè pou resite : Zanj lan di l' ankò. Gade ! Ou ansent. Ou pral fè yon ti gason. Wa rele l' Izmayèl, paske Seyè a tande rèl ou nan tray w'ap pase a. Jen.16: 11

Fason pou fè leson an : Diskou, konparezon, kesyon

Bi leson an : Montre ki jan Letènèl bay nesans a pèp Arab la.

Pou komanse

Lè tout bagay parèt nwa pou w, konnen ke Bondye an kontwòl. Sete eksperyans Aga nan Dezè Chi a.

I. Ki moun Aga te ye ?

1. Se te yon ti negrès ejipsyen. Li te rete ak Sara madanm Abraram. Li ta sanble ke nan tout byen Fararon te bay Abraram pou dedomaje'l pou kidnapin Saraa, Aga te fè pati de byen sa yo. Jen.12 :16

2. Kan Sara wè li pap kapab fè pitit, li mande mari'l pou fè yon pitit pou li ak ti sèvant li a. Sa se te yon koutim. Se te konsa Izmayèl te fèt. Jen.16 :1-3,11

II. Ki gwo eksperyans Aga pral fè nan Dezè a ?
Lè Aga wè li ansent, li komanse ap twaze metrès li
Sara. Depi lè saa, Sara komanse maltrete'l. Aga blije
sove kite kay la. Jen.16 :4-6
Men kounyeya, li pa gen kote pou 'l rete, li pa gen
moun pou ede'l, li wè sa fini pou li.

III. Ki kote nou kwè sekou'l ap soti ?
Lap soti de papa Bondye ki pa janm bandonen si
la ki pi fèb la. Se konsa Lanj Letènèl vinn pale ak
li tou pre yon sous dlo nan Dezè a. Jen.16 : 7
1. Li di'l : « Tounen kay metrès ou. Fè piti devan'l.
Jen.16 : 9
2. « Si w fè sa, map bay w anpil, anpil pitit. Lè w
akouche, wap rele pitit sila Izmayèl. Sa vle di :
Bondye te tande w lè w te nan afliksyon.
Jen.16 : 11 ; 17 :20
3. Li menm se yon ti nonm kap renmen goumen.
Li pral abite anfas frè'l yo. Jen.16 :12

IV. Ki sa Izmayèl te devni ?
Se li menm ki vinn papa Arab yo. Nou wè jouk
kounyeya, yo toujou nan batay ak Izrayèl ki pitit
Sara ak Abraram. Bondye beni yo ak anpil byen
matetyèl paske yo patisipe nan Kontra Bondye ak
moun sikonsi yo. Jen.12 : 3 ; 16 :10 ; 17 :26

Pou fini
Letènèl toujou tout pre moun ki nan soufrans. Fè w
piti devan'l, konsa li va yon fòs pou w.

Kesyon

1. Ki lè Bondye révélé 'l a Aga?
   Kan tout bagay parèt nwa pou li

2. Ki moun Aga te ye ?
   Yon ti negrès ejipsyen, sèvant Sara ki te madanm Abraram

3. Ki jan li te fè Izmayèl ?
   Se Sara ki te mande mari'l , Abraram pou'l fè yon pitit ak Aga pou li.

4. Poukisa Sara te mete'l deyò nan kay la ?
   Paske Aga tap moke 'l.

5. Ki jan Bondye mete bouch nan koze saa ?
   Li pase Aga lòd pou'l tounen kay metrès li

6. Ki sa ki te rive Izmayèl ?
   Se li ki papa tout Arab yo. Li te genyen anpil, anpil pitit

Leson 2
Vèv nan ti bouk Sarepta a.

Vèsè pou prepare leson an : 1Wa. 16 :31 ; 17 : 1-16 ;
18 : 4-13 ; Sòm. 23 :5 ; 146 :9 ; Lik.4 : 25-26 ; 1Ti.5 :16
Vèsè pou li nan klas la : 1Wa.17 : 8-16
Vèsè pou resite : Paske men pawòl Seyè a, Bondye
pèp Izrayèl la, di: Ti bòl farin frans lan ak ti boutèy lwil
oliv la p'ap janm vid jouk jou mwen menm Seyè a m'a
fè lapli tonbe sou latè ankò. 1Wa.17 :14
Fason pou fè leson an : Diskou, konparezon, kesyon
Bi leson an : Montre kijan Bondye gen mizerikòd pou
pòv yo lè gen gwo mizè nan peyi a.

Pou komanse
Kan Letènèl di ke li menm se Bondye vèv yo, li ka
demontre sa. Si w pa prese, an nou ale Sarepta.

I. Ki te sityasyon vèv la sa nan bouk Sarepta ?
1. Mari'l mouri kite'l nan mizè. 1Wa.17 :10
2. Poutan Letènèl chwazi kay madanm saa pou
   pwofèt Eli kap fè ladesann, e pou'l manje, bwè.
   1Wa.17 :9
3. Eli ale kay madanm nan e li di l sa Bondye di l.
   Lè madanm nan tande sa, li di pwofèt la :
   « Sa'm gen pou'm viv la pap bay twa jou ».
   1Wa.17 : 11-12
4. Dayè menm, Sarepta se yon ti bouk nan Sidon.
   Se peyi rèn Jézabèl. Metye'l se touye pwofèt
   Letènèl yo. 1Wa.18 :13
5. Konsa, si'l bay pwofèt la ladòmi, pou'l bay
   manje met sou li, li gen de (2) chans pou'l
   mouri. Swa grangou touye'l, swa rèn Jezabèl
   touye'l gwo lajounen. 1Wa.18 :4

II. Pouki sa Bondye te chwazi kay vèv la ?
1. Se paske li menm se Bondye vèv yo ak moun ki pi fèb yo.
   Sòm. 146 :9 ; Lik. 4 :25-26 ; 1Ti.5 :16
2. Letènèl te deside'l konsa pou chanje sityasyon'l ak prezans sèvitè l' pwofèt Eli.

III. Ki jan Bondye te rekonpanse fwa vèv la ?
Paske li te obeyisan, Bondye sèvi ak pwofèt la pou peye tout dèt li, e li te gen dekwa manje pandan plis ke twazan. 1Wa.17 :14-16

IV. Ki sa nou remake :
1. Eli pa vini kay vèv la ak malèt. Konsa moun pa fasil remake 'l.
2. Avan Eli te rive kay vèv la, Bondye te déjà mete pwovizyon nan kay la pou plis ke twazan. Se obeyisans vèv la a pawòl pwofèt la ki dedwanen benediksyon an. 1Wa. 17 :15
3. Prezans Jezabèl pa kapab kraponen Bondye ki pa pè advèsè, ni Eli ki gen fwa nan Bondye saa ki vini pou pwoteje sila ki pi fèb la. Sòm. 23 : 5 ; 146 : 9

Pou fini

Si w se yon vèv ou byen yon moun ki nan afè pa bon, sa pap koute Bondye anyen pou'l louvri gwo depo'l nan syèl la pou w menm, e pa gen okeun Jezabèl ki kap manyen w.

48

Kesyon

1. Ki reskonsablite Bondye te bay Vèv la nan Sarepta ?
   Pou'l okipe pwofèt Eli.

2. Ki sa nou konnen de Sarepta ? Se yon bouk nan peyi
   Sidon, peyi Jezabèl, rèn sanginè a.

3. Ki pwoblèm vèv la te genyen lè saa ? Si grangou pa
   touye'l rèn Jezabèl pap manke'l.

4. Pouki sa Bondye te chwazi vèv saa?
   a. Se paske li menm se Bondye vèv yo ak moun
      ki pi fèb yo.
   b. Se paske li te deside'l konsa pou chanje
      sityasyon'l ak prezans sèvitè l' pwofèt Eli.
   c. Se paske Jezabèl pa kap kraponen'l.

5. Ki jan Bondye te rekonpanse obeyisans vèv la ?
   Bondye bay li manje pandan tout tan te gen
   grangou a

49

Leson 3
Yon vèv nan tan pwofèt Elize

Vèsè pou prepare leson an : 2Wa. 4 : 1-7
Vèsè pou li nan klas la : 2Wa.4 :1--7
Vèsè pou resite : Tout lwanj lan se pou Bondye. Paske, ak pouvwa k'ap travay nan nou an, li kapab fè pi plis pase tou sa nou ka mande, pi plis pase tou sa nou ka mete nan lide nou.Wi, tout lwanj lan pou Bondye nan Legliz la ak nan Jezikri, pou tout tan ak pou tout tan. Amèn. Se sa menm! Ef.3 :20-21
Fason pou fè leson an : Diskou, konparezon, kesyon
Bi leson an : Montre ke Bondye pa manke mwayen pou delivre yon moun

Pou komanse
Men yon vèv ankò ! Sila menm, mari 'l mouri kite l' ak yon gwo dèt e de (2) timoun sou kont li.
Nan ki ka madanm sa twouve'l menm?

I. Dèt la te pi gwo pase sa mouche a te kite
1. Madanm nan pa gen mwayen pou peye'l. 2Wa.4 : 1
2. Li te gen si tèlman krentif pou Bondye ke li te refize fè movèz vi pou okipe ti moun yo e pou peye kòb la. 2Wa.4 :1
3. Men kounyeya mèt kòb la ap frape pòt la. Li deklare se swa madanm peye'l tout kòb la kote'l kanpe a ou byen li pran toulede pitit gason madanm nan pou fè yo esklav pou peye dèt la. 2Wa.4 :1

II. Madanm mande'l yon ti delè

1. Li al jwen pwofèt Elize, ak dlo nan je pou li rakonte'l koze saa. 2Wa. 4 :2
2. Pwofèt la di'l pou'l degaje'l komanse yon ti komès toutswit ak yon ti boutèy lwil li te genyen lakay la.
3. Li genyen pou'l ale mande vwazen yo depi se galon vid yo pa bezwen. 2Wa.4 : 3
4. Lamenm, li dwe rantre lakay li ak galon yo pou'l mete yon ti degout lwil nan chak galon vid yo. 2Wa.4 :4
5. Men kote mirak la soti : Se gade yo gade galon yo plen lwil. Pandan ti mesye yo ap ede manman yo plen galon yo, men yo pa gen galon vid ankò . Se lè saa, lwil la sispan koule. 2Wa. 4 : 6

III. Nou wè sa ki pase

1. Se kan yo pa gen veso vid ankò, lwil la rete. 2Wa.4 :6
2. La men, madanm nan tounen kay sèvitè Bondye a pou di'l sak pase e mande'l ki sa pou'l fè. Pwofèt la konseye'l pou'l vann lwil pou peye dèt la. Li va gade rès lwil la pou'l viv ak pitit li. 2Wa.4 :7

IV. Ki sa nou wè nan sa ?

1. Vèv sa te gen respè pou Bondye ak pou pitit li.
2. Men sa ki rive akòz de sa :
   a. Li pa pran desèpsyon
   b. Pitit li rete ansanm ak li
3. Bondye ki toujou la pou defann si la yo ki pi fèb la, deklanche mirak la pou vèv la.

Pou fini

Si w yon vèv, si w ou pa gen rele reponn, vinn jwen Kris ak sa w genyen an. Ak fwa w nan li, li va bay ou sa w pa kapab konte.

Kesyon

1. Nan ki pwobèm vèv sa te ye?
   a. Madanm nan pa gen mwayen pou peye dèt defen mari'l te kite.
   b. Li te gen krentif pou Bondye
   c. Li pat vle tonbe nan movèz vi pou'l viv
   d. Li pat vle bay toulede ti mesye yo pou fè yo esklav pou peye dèt la
2. Ki sa'l te deside ?
   Li al mande konsèy a pwofèt Elize
3. Ki konsèy pwofèt la te bay ?
   a. Pwofèt la di'l pou'l degaje'l komanse yon ti komès toutswit ak yon ti boutèy lwil li te genyen lakay la.
   b. Li genyen pou'l ale mande vwazen yo tout galon vid yo pa bezwen. 2Wa.4 : 3
   c. Lamenm, li dwe rantre lakay li ak galon yo pou'l mete yon ti degout lwil nan chak.
4. Ki sa ki te pase ?
   a. Lwil vini an abondans.
   b. Li sispan vide sèlman kan pat gen veso vid ankò.
5. Pouki sa Letènèl te fè mirak saa ?
   Paske li menm se Bondye vèv yo.
6. Ki mesaj nou gen pou vèv yo jodia ?
   Pou yo chèche sekou nan Letènèl.

Leson 4
Yon sèvitè Bondye arete yon lame

Vèsè pou prepare leson an : 2Wa.6 : 8-23 ; Sòm.105 :15
Vèsè pou li nan klas la : 2Wa.6 :18-23
Vèsè pou resite : Elize reponn li: --Ou pa bezwen pè! Nou gen plis moun avèk nou pase yo. 2Wa.6 :16
Fason pou fè leson an : Diskou, konparezon, kesyon
Bi leson an : Montre entèvension Bondye nan ka danje

Pou komanse
Eske wa Siri a ta bezwen yon gwo lame pou'l voye arete yon sèvitè Bondye ? Pouki rezon li te fè sa ?

I. Se akòz yon lide ki te pase nan tèt li.
 1.Wa Siri a te nan batay kont Izrayèl. 2Wa.6 :8
   a. Men te gen yon moun ki dekouvri tout plan batay li yo e ki dejwe yo. 2Wa.6 : 9-10
   b. Waa te kwè ke genyen solda ki tap trayi'l. Konsa li rele yo tout e li mande yo pou yo kap denonse trèt la. 2Wa.6 :11
   c. Gen yon solda ki reponn e li di'l : « waa, pa gen pèsonn kap trayi w. Se pwofèt Elize nan peyi Izrayèl la ki rapòte w bay wa Izrayèl la , menm koze ou di nan chanm ou. 2Wa.6 :12
 2. Lamenm, wa Siri a voye gwo lannwit la, yon lame pou al ansèkle vil Samari pou' arete pwofèt Elize. 2Wa.6 : 14

II. Ki sa pwofèt la fè lè lame a parèt sou li ?
 1. Li komanse priye toujou pou sèvitè'l la ki rele Gerazi ki tap tranble. 2Wa.6 :16-17

Lamenm Bondye louvri zye misye e se pa de chwal ak cha de gè li wè sou tèt mònn nan ki antoure Elize. 2Wa.6 : 17
2. Apre sa, li priye pou tèt pa'l pou Bondye kap fè ke lènmi an pa kap wè'l. 2Wa.6 :18

III. E ki sa Letènèl fè nan ka saa ?
1. Li fè tout lame Siri a avèg. 2Wa.6 :18
2. Elize kondi yo tankou prizonye. Li mennen yo bay wa Izrayèl la. 2Wa. 6 :19-20
3. Wa Izrayèl la bay yo manje vant plen ; apre sa, li voye yo tounen kay yo. 2Wa. 6 :21-23

IV. Ki leson wa Siri a aprann jodia?
1. Li pran desizyon nan kazèn li, men sèvitè Bondye a pran desizion ak syèl la. 2Wa. 6 :16
2. Si w ta vle atake yon sèvitè Bondye, gade byen si Bondye pa kanpe bò kote'l. Sinon, mwen pa reskonsab sa ki pral rive w. Sòm.105 :15

Pou fini
Letènèl se Bondye pati ki pi fèb la. Li pa janm anreta. Tanpri, kache w anba zèl li

54

Kesyon

1. Ki moun ki dekouvri tout plan batay wa Siri a ?
   Pwofèt Elize

2. Ki sa wa Siri a deside kont pwofèt Letènèl la ?
   Li voye yon lame gwo lannwit pou ansèkle vil Samari a e pou yo arete pwofèt la.

3. Ki sa pwofèt la fè pou pwoteje tèt li ?
   Li voye yon telegram bay Letènèl.

4. Ki sa Letènèl fè pou pwoteje prestij li ak repitasyon'l?
   a. Li voye lame selès la pou bay li pwotèksyon
   b. Kan lame Siri a ap pwoche, li vegle zye yo

5. Ki sa pwofèt Elize fè nan ka saa ?
   a. Li mennen tout lame Siri a bay wa Izrayèl la.
   b. Li konseye wa Izrayèl la pou bay yo manje e voye yo tounen kay yo

6. Ki leson nou tire nan mirak saa ?
   a. Kazèn wa Siri an te nan peyi Siri. Kazèn wa Izrayèl te nan peyi Samari.
   b. Kazèn pwofèt Bondye a te soti nan syèl.
   c. Ou pa atake yon sèvitè Bondye avan w chèche konnen si Bondye pa avè'l

Leson 5
Sankerib atake wa Ezekyas

Vèsè pou prepare leson an : 2Istwa.32 :1-23 ; Eza. 36: 1-22
Vèsè pou li nan klas la : 2Istwa.32 : 1-8
Vèsè pou resite : Mete gason sou nou! Kenbe fèm! Pa kite anyen fè nou pè, ni devan wa peyi Lasiri a, ni devan gwo lame k'ap mache avè l' la, paske nou gen plis fòs avèk nou pase li menm li gen avè l'. Li menm, li konte sou fòs sòlda li yo. Nou menm, nou gen Seyè a, Bondye sèl Mèt la, pou ede nou, pou goumen pou nou. 2Istwa.32 : 7-8a
Fason pou fè leson an : Diskou, konparezon, kesyon
Bi leson an : Montre koman Bondye kanpe kote moun fèb yo pou bat moun ki kwè ke yo te fò a.

Pou komanse
Ki jan Letènèl leve défi yo? Eske'l al sere ? Eske'l fè komsi li pa wè sa kap pase ? Rale yon chèz pou'w chita nan salon wa Ezekyas la pou'w koute. 2Istwa.32 : 3

I. ki sak pase ? Se Sankerib wa Asiryen a ki vironnen tout gwo vil yo nan peyi Jida, e lap mache pou'l pran Jerizalèm. 2Istwa.32 : 1-2
Lapoula, wa Ezekyas ap fè mannèv kont Sankerib
1. Li bouche tout sous dlo ki nan abò vil Jerizalèm nan. 2Istwa.32 :3-4
2. Li bare vil la ak gwo miray.2Istwa.32 :5
   a. Li mete lame li anfòm pou pwoteje pèp la. 2Istwa.32 :6
   b. Li fè moral pèp la pou'l pa dekouraje. 2Istwa.32 :7-8

II. Ki sa Rabschaké Sankerib la fè ?

1. **Rabschaké se tit kolonèl lame wa Asiryen an.**
Li pran joure Letènèl Bondye. Li di se yon Dye kapon. Eza.36 :1-11

2. Nan moman saa, wa Ezekyas voye chèche pwofèt Ezayi pou mande sekou lapriyè. Eza.37 :4

3. Bondye pat pran tan pou'l reponn. Eza.37 : 6-7

III. Gade sa ki rive Sankérib

1. Letènèl bridé misye tankou yon chwal. Eza. 37 : 29

2. Bondye pa bay li tan pou'l mete pye'l nan vil Jerizalèm.

   a. Paske se vil Bondye li ye.

   b. Paske Bondye sonje sa David ta fè nan ka saa si'l te la. 1Sam. 17 :47 ; Eza.37 : 33-35

   c. Lanj Letenèl la rale nepe'l. Li touye sankatreven mil Asiryen. Eza.37 :36

   d. Setalò ke Sankerib retounen nan peyi'l Niviv, li al mete ajenou devan dye li Niswòk pou fè'l esplikasyon. Se la devan lotèl la 2 pitit li Adramélek ak Charetser touye'l epi yo sove ale jouk nan mòn Ararat. Lamenm pitit li Ézaradon pran pouvwaa. Eza.37 : 37-38

Pou fini

Si ou vle gen viktwa sou Satanledyab, bat pou w genyen yon konpayon priyè. Se Letènèl ki fòs nou.

Kesyon

1. Ki sa wa Ezekyas te fè kan Sankerib te fè'l menas pou'l pran Jerizalèm?

   a. Ezekias bouche tout sous dlo ki nan abò vil la.

   b. Li bare vil la ak gwo miray.

c. Li mete lame li anfòm pou pwoteje pèp la.

d. Li fè moral pèp la pou'l pa dekouraje

2. Ki sa Rabschake a vle di ? Se tit kolonèl nan lame Asiryen an.

3. Ki sa misye di de Izrayèl ak Bondye ? Li vekse Izrayèl e li di ke Letènèl se yon Dye kapon

4. Ki sa wa Ezekyas fè lè'l tande pawòl sa yo? Li rele pwofèt Ezayi pou'l oganize yon reyinyon priyè.

5. Ki jan Letènèl reponn priyè saa ?
   a. Letènèl bridé misye tankou yon chwal.
   b. Lanj Letènèl la rale nepe'l. Li touye sankatreven mil Asiryen.
   c. 2 pitit li touye'l epi yo sove kite peyi a. Ésaradon yon lot pitit li pran pouvwaa

6. Ki konsèy ou ta bay yon moun ki vle genyen viktwa sou Dyab la? Se pou'l gen konpayon priyè

7. Vre ou fo
   a. Bondye tap tann priyè wa Ezekyas pou'l reyaji.
      __ V __ F
   b. Rabschaké vle di « ataké ». __ V__ F
   c. Bondye sonje David ki te yon solda brav
      __ V __ F
   d. 185,000 solda asiryen yo mouri ak korona.
      __V __ F
   e. Delivrans la se toujou bò kote Letènèl. _ V _F

Leson 6
Akab touye Nabòt pou'l vole jaden rezen'l

Vèsè pou prepare leson an : 1Wa.21 :1-16 ;
2Wa.9 :30-37
Vèsè pou li nan klas la : J1Wa.21 : 1-10
Vèsè pou resite : Apre sa, w'a di l' ankò men sa Seyè a
voye di ou: Menm kote chen te niche san Nabòt la,
chen gen pou yo niche san pa ou tou.J1Wa.21 :19b
Fason pou fè leson an : Diskou, konparezon, kesyon
Bi leson an : Montre ke Bondye pa nan patipri

Pou komanse
Gen yon lè ki rive, jalouzi ka fè zye yon moun soti kite
tèt li pou'l sèlman vle pran zafè moun. Se sa ki te wete
somèy nan je wa Akab jouk li te kap vole jaden rezen
Nabòt la. Ki jan malantant la te pati ?

**I. Nabòt te gen yon jaden rezen ki tou kole ak palè
Akab ki wa nan peyi Izrayèl.**
Li mande Nabòt pou'l vann li ou byen twoke'l avè'l
pou yon lòt bitasyon. Nabòt refize. Pouki sa ?
1. Paske nan tan saa, se bitasyon w ki di ki moun
ou ye. Se li ki tit ou. Li pa sèlman Nabòt men
**Nabòt de Jizreyèl. Se non'l. Se non bitasyon
an tou.**
2. Li pa kapab vann non'l ni twoke'l paske se
bitasyon an ki kap di ki moun li ye. 1Wa.21 : 1-3

II. Ki sa wa Akab fè nan ka sa?
1. Li fache, li santi'l kontrarye paske li pran yon
gwo desèpsyon devan ti Nabòt.1Wa.21 :4

59

2. Kan madanm li Jezabèl wè figi mari'l fennen pou sa, li deside pou'l touye Nabòt pou'l pran bitasyon an ak gwo ponyèt li. 1Wa.21 : 5-13.

  a. Lamenm li kanpe yon sèvis jèn pou tout vil la e li mande pou se Nabòt ki dirije'l. 1Wa.21 : 8-9

  b. Li antann li ak de (2) bandi pou akize Nabòt devan tout moun pou di ke Nabòt ap pale mal a ni waa ni Bondye. 1Wa.21 : 10,13

  c. Men ki jan yo touye Nabòt anba kout wòch. 1Wa.21 :12-13

3. Akab rale yon souf ; kounyeya li desann pou'l visite bitazyon an. 1Wa.21 :16

III. Ki sa Letènèl di nan koze saa?
1. Li voye pwofèt Eli kote Akab. Li jwen waa nan Jaden rezen Nabòt la. Se la li bay li santans li. 1Wa.21 : 17-19
2. Chyen gen pou niche san Akab, ak Jezabèl nan menm kote li te fè touye Nabòt la. 1Wa.22 :38 ; 2Wa.9 :30-37

Pou fini
Pye rezen an se yon senbòl de Levanjil. Levanjil la se li ki kat didantite yon kretyen; Bat pou nou pa vann temwayaj kretyen nou menm si nou ta dwe mouri tankou Nabòt.

Kesyon

1. Pouki sa wa Akab te gen lanbisyon pou bitasyon Nabòt la?
   a. Paske li te kole kole ak palè li a.
   b. Li te vle fè yo fè yon sèl. Li mande'l achte'l ou twoke'l
2. Pouki sa Nabòt pat dakò ?
   Paske nan tan saa se bitasyon ki di moun ki kote w ye. Si li ki kat didantite w.

3. Ki sa Akab fè pou'l pran'l ?
   a. Madanm li Jezabèl mete Nabòt pou dirije yon jèn pou tout vil la.
   b. Li mete tou de gwo bandi devan Nabòt pou akize'l. Yo di lap pale mal wa, lap pale mal Bondye. Men ki jan yo touye Nabòt ak kout wòch.
4. Ki moun ki blamen zak malonèt sa ? Letènèl voye pwofèt Eli pou bay waa santans li.

5. Bay nou pi bon repons la.
   a. Nabòt te dwe fè afè a ak waa
   b. Piske Akab se wa li ye, li te kap fè'l pase pou tè Leta epi li pran bitasyon an.
   c. Nabòt te byen fè kant li pat vann bitasyon an pou tèt non li ki dwc konsève.
   d. Nabòt manke sajès pou fè negosyasyon an.
6. Vre ou fo
   a. Akab te yon wa lach __ V __ F
   b. Jezabèl te yon fanm ki gen kouraj __ V __F
   c. Nabòt te yon bon sitwayen. __V __F
   d. Nabòt kite yon bon egzanp pou nou. __V__ F

61

Leson 7
Sissan kont twa mil.

Vèsè pou prepare leson an : 1S. 18 :1-8 ; 20 : 1-43 ;
22 :1-5 ; 23 :13-28 ; 24 :1-6
Vèsè pou li nan klas la : Sòm.34 : 1-6
Vèsè pou resite : anj Seyè a kanpe bò kote tout moun
ki gen krentif pou li, pou pwoteje yo. Li delivre yo lè
yo nan danje Sòm.34 : 7
Fason pou fè leson an : Diskou, konparezon, kesyon
Bi leson an : Montre ke kan onksyon Bondye a sou w,
li fè lènmi an pa kapab wè w.

Pou komanse
Men yon ti koze byen dous mwen pral rakonte w : Wa
Sayil ame kon Seza kap kouri dèyè David.

I. Pouki sa mezanmi ?
   1. *Li te gen jalouzi.* David te vinn twò popilè
depi viktwa li sou Goliat. 1S.18 :5-8
   2. *Li te gen gwo lògèy.* Li pat vle pitit li Jonatan
fè zanmi ak David. Vinn jwenn David san lè
pou'l vinn wa sou li. 1S.18 :1-4 ; 20 :31
   3. *Li te gen prejije.* Li pat janmen dakò pou yon
ti gadò mouton te kap yon bofis pou li. Fòk li
defèt relasyon'l ak pwensès Mikal. 1S.18 :20-21
Pour sove vi'l David te oblije sove.

II. David sove ak sisan (600) moun
Li ranmase yo pami tout ti sanzave ki pa gen espwa
pou demen. 1Sam.22 :1-5
Pou Sayil pa kap jwen li,
   1. Li mande wa Moab la pou sere papa'l ak
manman'l pou li. 1Sam.22 :3-4

62

2. Frè li yo menm sove kite lame wa Sayil la, yo vinn jwen David nan raje a. 1Sam.22 :1
3. Kounyeya se nan raje David pral dòmi leve.

III. Wa Sayil ap fou chèche'l nan Dezè Mawon
Ti moso li jwen David nan raje a. Nan menm moman saa, **Bondye ki la pou pote sekou a sila ki pi fèb la, li antre nan jwèt la : Kan Sayil preske rive sou David, li pran nouvèl ke lame Filisten an prèt pou anvayi** Izrayèl. 1Sam.23 :26-28

IV. Apre sa, li tounen pousib David nan Engedi
1. Wa Sayi rive Engedi ak twa mil (3000) solda pou'l atake David ki te gen sèlman sisan moun (600) ak li. 1S.24 :1-3
2. Men Sayil ki bouke, li antre nan yon gwòt. Ki moun nou kwè ki te déjà andedan gwòt la ? David ak tout ekip li a. Lè wa Sayil komanse ronfle, David ale tout dousman, li koupe yon moso nan rad wa a san'l pa konnen. Lè David fè l wè sa, li kriye tankou ti moun.1Sam.24 :3-6

Pou fini
David te fèb se vre, men li te fò paske Letènèl te fòs li. Nap priye pou Letènèl ka fòs ou tou.

Kesyon

1. Konbyen solda David te genyen pou batay ak 3000 solda wa Sayil ? Sissan

2. Pouki sa wa Sayil te vle touye David ?
   Jalouzi, ogèy ak prejije

3. Ki sa David te fè pou'l soti anba men wa Sayil ?
   a. Li sere paran li yo kay wa Morab la.
   b. Frè li yo sove kite lame Sayil la pou vinn jwen li nan raje a.

4. Kisa Bondye fè pou proteje David ?
   a. Li fè Sayil pran dòmi nan menm gwòt kote David te déjà ye ak solda li yo.
   b. Li koupe moso nan rad waa. Li reveye'l pou'l di l sa
   c. Sayil kriye.

5. Ki jan ojis David gen viktwa sou wa Sayil ?
   Gras a Letènèl, ki kanpe bò kotè sila ki pi fèb la.

64

Leson 8
Bondye kanpe kote Elie fè'l vinn pi fò

Vèsè pou prepare leson an : 1Wa. 16 :31-33 ; 17 :1 ; 18 : 1-39 : 19 :8-10
Vèsè pou li nan klas la : 1Wa.18 :22, 36-40
Vèsè pou resite : Seyè, Bondye Abraram, Bondye Izarak ak Bondye Jakòb, fè yo wè jòdi a se ou menm ki Bondye pèp Izrayèl la. Fè yo rekonèt se sèvitè ou mwen ye. Se ou menm ki ban m' lòd fè tout bagay sa yo. 1Wa.18 :36b
Fason pou fè leson an : Diskou, konparezon, kesyon
Bi leson an : Montre ke se pa kantite ki toujou fè majorite.

Pou komanse
Si yon moun ap viv nan menm adrès ak Bondye, eske w ka di ke moun sa fèb ? An nou mete twa moun kanpe la pou n wè : Se pwofèt Eli, wa Akab ak rèn Jezabèl.

I. Tout dabò, nan tan nap pale a, ki jan vi èspirityèl pèp Izrayèl te ye nan ren y wa Akab ?
1. Non Letènèl pat nonmen menm. Se pwofèt Baal yo ki te sèl anplwaye Leta. Se fetich ki tap fèt toupatou. 1Wa. 16 :31-33
2. Jezabèl te fè touye tout pwofèt Letènèl yo. Eli sèl ki te rete. 1Wa. 18 :4 ; 19 : 10
3. Malgré sa, pwofèt Eli te gen kouraj pou'l di wa Akab : «Tande'm tande madanm ou touye tout pwofèt Letènèl yo.» Mwen menm, mwen bay ou sa pou garanti, lapli pap tonbe nan peyi an toutotan mwen pa pase lòd pou'l tonbe. Si w gen yo mo pou w di nan sa, map bay ou adrès

mwen : **Se nan pye Letènèl wa jwenn mwen»** (La Bib Thompson) 1Wa.17 :1

4. Li te vle bay waa prèv ke se sèl Letènèl ki Bondye e li se reprezantan'l. 1Wa 17 :1

II. Ki jan pèp la te degaje'l pou'l viv ?

1. Pat gen djòb. Te gen gwo lesèk. 1Wa. 18 :1-2
2. Yo deklare ke se sèvitè Bondye a ki lakòz la pli pat tonbe. 1Wa. 18 : 17

III. Ki sa ki rive apre sa :

1. Wa Akab deside pou fè arete pwofèt la. 1Wa.18 :10
2. Eli jwenn ak li e li bay waa randevou sou Mon Kamèl . Li mande pou tout Ougan yo la tou. 1Wa.18 : 19
3. Li menm li pral kanpe menm kote ak Letènèl. Lè sa ya wè ki lès ki pi fò.
   Toude kan yo pral fè sakrifis a Dye yo. Dye a ki kap fè dife desann pou boule sakrifis la, se li na konnen ki Bondye. 1Wa.18 :23-24

Pou fini
Bondye brile sakrifis Eli a pou tout moun kap konnen ke kant Bondye kanpe sou bò dwat yon moun, se ou ki gen majorite. Frè m ak sè m yo, tanpri rete kote Letènèl sèlman. Pa janm chanje adrès. 1Wa.18 : 37-39

Kesyon

1. Sa sa vle di rete nan menm adrès ak Bondye ?» Viv nan prezans li.

2. Ki te sityasyon Izrayèl nan tan wa Akab ?
   a. Se sèl pwofèt Baal ak Astate ki te gen dwa nan peyi a.
   b. Anwetan Eli yo te touye tou pwofèt Letènèl yo

3. Montre ki jan Eli te gen anpil kouraj
   a. Li pat pè wa Akab pou anonse'l ke toutotan li pa bay lòd, la pli pap tonbe.
   b. Si wa Akab ta bezwen plis enfòmasyon, la vinn jwen li nan pye Letènèl .
   c. Li te vle fè waa konnen ke si Letènèl te gen yon sèl reprezantan, se li menm sa.

4. Ki jan pèp la tap viv lè saa ?
   Te gen gwo lesèk. Jaden pa bay

5. Ki te reaksyon wa Akab ?
   a. Li di se Eli ki lakòz lapli pa tonbe
   b. Li voye chef arete'l.

6. Ki sa Eli fè nan sa ?
   Li mande waa pou pwofèt Baal yo jwen ak li sou mòn Kamèl pou chak moun rele Dye yo . Dye a ki ka fè dife desann nan, se li ke ya rele Dye

7. Ki kan ki te pi fò nan de kan yo ? Bondye ak Eli

8. Ki jan sa te fini? Letènèl fè dife desann. Se li ki Bondye.

67

Leson 9
Neyemi ap kontre kòn li ak lènmi yo

Vèsè pou prepare leson an : Ne.1 :2-11 ; 2 :1-20 ; 5 :14 ; 6 :2,15 ; 13 : 10-22
Vèsè pou li nan klas la : Ne.2 : 9-16
Vèsè pou resite : Mil (1.000) moun te mèt tonbe sou bò gòch ou, dimil (10.000) sou bò dwat ou, anyen p'ap rive ou. Sòm.91 :7
Fason pou fè leson an : Diskou, konparezon, kesyon
Bi leson an : Montre ke Bondye pa pran presyon moun ki nan opozisyon.

Pou komanse
Liv pwovèb la di ke kè wa yo se tankou yon kouran dlo nan men Letènèl. Pr. 21 :1 Eske li pral yon jou mete kè saa nan men yon refijye nan Diaspora a? Sa mwen'm konnen, pa gen anyen ki enposib pou Bondye pèp Izrayèl la?

I. Gen yon jou ki rive, li touche sansiblite wa Atazeksès pou dakò ak demann Neyemi.
Wa saa te anplwaye Neyemi ki te yon jwif nan Diasporaa pou sèvi'l bweson. Ne.2 : 1
1. Men Anani, yon frè Neyemi ki soti jis Jerizalèm pou rann li yon vizit. Se lè sa li di'l ke miray vil Jerizalem nan detri. Ne.1 :2-3
   a. Konsa kadav zansèt li yo ekspoze. Ne.1 :3
   b. Li kriye e li jene 120 jou, de mwa Kisleu à mwa Nisan, sa vle di de Desanm ak Avril pou Bondye pèmèt yo rebati miray vil la. Ne.1 :1, 4 ; 2 :1
   c. Lè saa li fè yon demann visa pou retounen nan peyi'l pou'l al rebati miray yo. Ne.2 : 7-8

c. Wa bay li yon visa pou douzan. Li bay li tout sa ki nesesè pou konstriksyon miray la. Ne.2 :9 ; 5 :14

II. Neyemi konbat arogans rebèl yo.
1. Depi li mete pye nan vil Jerizalèm nan, twa bandi leve kont li. Se te : Sanbala, moun Oronit yo, Tobija moun nan peyi amonit yo ak Gechèm yon Arab. Se moun sa yo ki pa vle wè Izrayèl. Ne.2 :19-20
2. Malgre anpil pèsekisyon, Neyemi bati miray la nan 52 jou. Ne.6 :15
3. Malgre pèsekisyon, konplot ak mokèr, Neyemi fini job la nèt. Ne.6 : 2, 15
4. Ki te sekrè li ? Se te priye toutan. Ne.13 :22
5. Li fè Levit yo retounen vinn pran jòb yo sou lotèl la. Li louvri yon Bank pou moun vinn depoze lajan pou travay Letènèl. Ne.13 :10-11

Pou fini
Bondye moun fèb yo vivan ! Prezans lènmi yo pa kraponen'l. Dayè, li pran tan'l ranje kouvè pou mwen devan tout lènmi yo. Lè sa, an nou priye.

69

Kesyon

1. Ki moun Neyemi te ye? Yon jwif nan Diaspora a
   Li te anplwaye'l pou'l sèvi waa bweson'l.

2. Pouki sa Neyemi te fè <u>jènn pandan 4 mwa</u>? Pou'l
   te jwen visa pou'l al rekonstri miray Jerizalèm nan.

3. Ki jan Bondye reponn li? Waa bay li visa ak tout
   sa ki te nesesè pou'l al fè travay la.

4. Ki pwoblèm li te jwenn?
   Lenmi jwif yo leve kont li.

5. Ki lès ki te pi cho kont li? Sanbala, Tobija ak
   Gechèm

6. Ak ki sa li bat yo? Ak yon chèn de priyè

7. Ki sa Neyemi te reyalize?
   a. Li bati miray la nan 52 jou
   b. Li retounen levit yo nan jòb yo nan tanp la.
   c. Li louvri yon bank pou Letènèl

8. Ki sa Neyemi aprann nou?
   a. Prezans lènmi pa kraponen Letènèl.
   b. Li gen dwa menm mete kouvè pou nou devan
      tout lènmi yo.
   c. Nou dwe ap priye toutan.

Leson 10
Yon anyen kont pou Senyèa

Vèsè pou prepare leson an : Egz.14 :14-16 ;
2Wa.4 :1-7 ; Mat. 14 :15-21 ; Jan.6 :13 ; 14 : 14-21 ;
Jan.6 : 13
Vèsè pou li nan klas la : Jan.6 : 6-14
Vèsè pou resite : Avèk Bondye bò kote nou, n'a fè bèl
bagay nan lagè. Se li menm k'ap kraze lènmi nou yo
anba pye l'. Sòm.60 :12
Fason pou fè leson an : Diskou, konparezon, kesyon
Bi leson an : Montre ki jan Bondye fè gwo bagay ak
anyen.

Pou komanse
Si w ta kap dim konbyen yon ti boul tenis koute nan
men yon vedèt nan tenis, yon ti wòch nan men David,
yon ti fwèt nan men Moyiz, ma va di w tou konbyen 5
pen ak 2 pwason ka fè si yo nan men Jezi.

I. Gade konbyen 5 ak 2 fè nan kalkil pa w.
   1. Nan men ti gason nan Bib la li fè 7.
      a. Nan men Jezi, obamo li fè plis ke 5000. 5000
        mil gason manje. Nou pa konte fanm yo ak ti
        moun yo
      b. Moun yo manje vant deboutonnen e te gen
        douz panye ki te rete. Mat.14 :15-21
   2. Ak Jezi, 5 + 2 bay plis ke 7

II. Gade konbyen li vo nan sa w pa kap konte
   1. Tout sa ou kap wè, sa ou kap mezire ak tout sa
      ou kap touche, yo gen pou yo pase. Se konsa li
      te ye menm pou 5 pen ak 2 pwason ti gason.

2. Lè yo tonbe nan men Jezi, yo chanje dimansyon paske Jezi aplike pwensip letènite a sou yo.

3. **Sa ki la nan tan an, kant li tonbe nan men Jezi ki kanpe ant tan an ak letènite sou platfòm de fwa nou, fòk kan menm li miltipliye.** Jan.6 : 13

a. Li pat bezwen yon drag ; sèlman yon ti fwèt ak lafwa Moyiz te kont pou louvri Lanmè Rouj e mennen tout pèp Izrayèl nan peyi Kanaran. Egz.14 : 14-16

b. Li pat bezwen moun prete vèv la lajan labank pou' louvri yon biznis. Yon ti po lwil ak kèk galon vid te kont. 2Wa. 4 :1-7

c. Se gwosè fwa w ki kondisyonen Delivrans ou. 2Wa.4 : 6

Pou fini
Letènèl se Bondye si la ki pi fèb la. Sèvi ak sa w genyen. Jezi ap fè w rive kote pèson moun pa kap janm mennen w.

Kesyon

1. Kisa 5 ak 2 kap bay ?
   a. Nan men ti gason an li fè 7.
   b. Nan men Jezi, ou pa kapab kalkile l

2. Kisa 5 ak 2 vo ke moun pa kap janm sipoze ?
   Li pran dimansyon etènite nan men Jezi.

3. Ki sa nou aprann nan mirak saa ?
   a. Bondye bay yon dimansyon èspirityèl a tout bagay nou lage nan men'l
   b. Li mete pwensip letènite sou li.
   c. Bondye se Bondye sila ki pi fèb la
   d. Nou dwe aprann sèvi ak sa nou genyen e kite rès la nan men Senyèa.

4. Bay nou bon repons la
   a. Si Jezi te gen plis pen, li ta fè yon pi gwo mirak.
   b. Si Jezi te gen plis pen, se menm mirak la li tap toujou fè.
   c. Se paske pen yon te gwo ki fè mirak la te fèt.
   d. Mirak la soti nan konsekrasyon a Jezi.

5. Vre ou fo
   a. Papa ti gason an te gen yon boulanje. __V__F
   b. Ti gason an te bay Jezi pen yo paske'l pa renmen pen. __V__ F
   c. Ti gason an bay Jezi sa ki te enpotan pou li. __V__F
   d. Ti gason pat pè bay Jezi pen yo __V__F
   e. Paran yo te ka aprann ti gason an bay._ V _F
   f. Si nou ta vle pitit nou vin rich se pou n fè yo kite chich. __ V __F

Leson 11
Fèt manman

Vèsè pou prepare leson an : Jen. 24 :1-65
Vèsè pou li nan klas la: Jen. 24 : 13-22
Vèsè pou resite : Sa pa fasil pou moun jwenn yon bon madanm. Lè li jwenn li, li gen plis valè pase yon boul lò. Pwo. 31 :10
Fason pou fè leson an : Diskou, konparezon, kesyon
Bi leson an : Ankouraje paran yo pou yo prepare pitit fiy yo, se pa pou yon gason, men pou lavni.

Pou komanse
Paran, si w ta gen lide yon jou marye pitit fiy ou, mwen ta konseye w fè yon pase kay Betyèl. Lè w rive la mande pou Rebeka. Men sa m konnen li pral di w :

I. **Rebeka te bon moun e li te janti**
   1. Gade ki jan li te resevwa yon vizitè : Li te gen bon jan pou'l sèvi dlo a vizitè a. Jen.24 : 16-18
   2. Li pat paresèz. Vizitè a te vini ak 10 chamo. Li ofri vizitè a pou'l tire dlo nan pi a pou bay yo tout bwè dlo. Jen. 24 :10, 19-20

II. **Rebeka te fè moun renmen'l**
   1. Vizitè a te gentan fou pou li. Jen. 24 : 21
   2. Li apresye sa'l fè a e li bay li yon bèl rekonpans. Jen. 24 :22
   3. Kant vizitè a te mande 'l ladòmi, li pa pran sa sou kont li. Jen. 24 : 23
   4. Li kite sa sou kont frè li Laban. Konsa paran yo te dakò. **Jen. 24 : 31-33**
   5. Bib la di nou ke li te yon ti moun vyèj. Jen.24 :16

III. Rebeka te yon moun kare.
1. Li te seryèz, li pat nan kachotri. Kant li rive lakay la, li montre paran l kado ke vizitè a te bay. Jen.24 : 28, 30
2. Li te gen bon volonte. Li te dakò pou maryaj li ak Izarak dapre tout konvèsasyon ak paran yo. Jen.24 :56-58

Pou fini

Paran, pa janmen bride ti fiy yo kant yon moun prezante devan nou pou mande pou li. Priye. Mennen ankèt ou, men aji ak sajès ak moun nan ki kap vinn bofis ou demen.

Kesyon
1. Di 3 bon bagay nou jwen nan Rebeka :
Li te renmen travay, li te gen bon jan. Li konn resevwa moun.

2. Pouki sa nou di li renmen travay?
Li te tire nan yon pi pou bay 10 chamo vizitè a bwe dlo.

3. Ki jan nou fè di li konn resevwa moun?
Se li menm ki te ofri vizitè a pou bay bèt yo dlo.

4. Ki sa vizitè a admire nan Rebeka ?
a. Jan li prese pou'l sèvi'l
b. Senserite'l ak paran'l
c. Li pa kache kado yo li te resevwa de yon etranje.

5. Ki jan yo te rele papa'l ? _____ Frè'l ? _____

75

Leson 12
Fèt papa yo.

Vèsè pou prepare leson an : 1S.9 : 1-27 ; 10 : 1-16 ;
Sòm. 31 :16 ; Je. 1 : 5
Vèsè pou li nan klas la : 1S. 10 : 1-2
Vèsè pou resite : Samyèl pran yon ti poban lwil oliv,
li vide l' sou tèt Sayil. Apre sa, li bo l', epi li di l': « Seyè
a ba ou pouvwa pou gouvènen pèp Izrayèl la ki rele l'
pa l'. W'a gouvènen pèp li a, w'a delivre yo anba men
tout lènmi ki bò kote l' yo. Men sa k'ap fè ou wè se Seyè
a menm ki mete ou apa pou gouvènen pèp ki pou li a ».
1Sam.10 :1
Fason pou fè leson an : Diskou, konparezon, kesyon
Bi leson an : Raple paran yo ke yo la pou oryente ti
moun yo men yo pa dwe oblije yo pou di yo se
pwofesyon sa mwen vle pou w pran.

Pou komanse
Tout manman ta renmen wè piti fiy yo marye. Papa a
bò kote pa'l, ap mande ki sa pitit gason m mwen pral
ye demen. Se te pwoblèm Kis, papa Sayil. An nou wè
ki jan li pral tèste ti gason saa.

**I. Toudabò li voye'l al chèche kèk bourik li ki
pèdi nan savann nan**
Sayil obeyi papa'l san di yon mo. 1Sam.9 :3
1. Ti gason an pase twa jou ap fè savann, li pa
janmen jwen bourik yo, ni li pa plenyen pou sa
1Sam.9 :20
2. Ou mèt kwè'm papa a ap note sa.

II. Lap swiv li nan ediksayon l te pran nan fanmiy la

1. Sayil te kwè nan Bondye. Lè li pa kap jwen bourik yo, li al jwen pwofèt Samyèl. 1Sam.9 :6
2. Sayil te konn kontribye Legliz. Li pat vle ale konsilte pwofèt la san li pat pote yon ti kòb pou li. 1Sam.9 :7-8
3. Li te gen sekrè.
   a. Nan peyi Izrayèl, depi yo gen yon koze sekrè pou pale, se nan teras kay la yo te monte al chita. Sayil konn rete an silans pou tande gran moun. 1Sam. 9 :25
   b. Kan pwofèt la mete onksyon sou li pou fè l wa, li pa di pèsonn sa. 1Sam.10 : 1, 13-16

III. Men ki sa ki te nan tèt Kis papa'l ? 1Sam.10 :2b

1. Bib la pa di nou. Men si plan'l te gran, pa Bondye li menm li mèveye. Sayil pral premye wa nan peyi Izrayèl.
2. Yon sèl bagay Kis ta gen pou'l fè , se elve Sayil e kite rès la nan men Bondye. Se li menm sèl ki te pwogramen vi tout moun avan nou depi avan nou te fèt. Sòm. 31 :16 ; Je. 1 : 5

Pou fini

Paran yo, an nou bat pou nou gen sajès. Pa janmen di pitit nou « men se metye sa mwen chwazi pou w ». Bay chemen sèlman nan la vi paske tout metye yo bon, se lezòm ki konn pa byen pratike yo.

Kesyon

1. Ki travay Sayil tap fè pandan twa jou a avan li te vinn wa nan peyi Izrayèl ?
   Li te ale fè savann pou chèche bourik papa'l ki te pèdi.

2. Ki sa'l te fè pou'l te jwenn yo ?
   Li te ale wè pwofèt Samyèl.

3. Ki sa nou ka di de tanperaman Sayil ?
   Li te obeyisans, li te gen sekrè.

4. Ki sa ki te yon pwoblèm pou Kis ?
   Lavni Sayil

5. Ki ta dwe wòl paran yo kant ti moun yo gen pou chwazi yon metye ? Oryente ti moun nan san ou pa oblije'l pran sa w vle a

6. Ki moun ki gen dènye mo nan lavni yon ti moun ?
   Bondye.

7. Pouki sa ? Paske se li ki fè pwogram vi nou mete la avan nou te fèt.

78

Lis vèsè yo

1. Zanj lan di l' ankò. Gade! Ou ansent. Ou pral fè
yon ti gason. Wa rele l' Izmayèl, paske Seyè a tande
rèl ou nan tray w'ap pase a. Jen.16 :11

2. Paske men pawòl Seyè a, Bondye pèp Izrayèl la, di:
Ti bòl farin frans lan ak ti boutèy lwil oliv la p'ap
janm vid jouk jou mwen menm Seyè a m'a fè lapli
tonbe sou latè ankò. 1Wa.17 :14

3. Tout lwanj lan se pou Bondye. Paske, ak pouvwa
k'ap travay nan nou an, li kapab fè pi plis pase tou
sa nou ka mande, pi plis pase tou sa nou ka mete
nan lide nou. Wi, tout lwanj lan pou Bondye nan
Legliz la ak nan Jezikri, pou tout tan ak pou tout
tan. Amèn. Se sa menm! Ef.3 :20-21

4. Elize reponn li: --Ou pa bezwen pè! Nou gen plis
moun avèk nou pase yo. 2Wa.6 :16

5. Mete gason sou nou! Kenbe fèm! Pa kite anyen fè
nou pè, ni devan wa peyi Lasiri a, ni devan gwo
lame k'ap mache avè l' la, paske nou gen plis fòs
avèk nou pase li menm li gen avè l'. Li menm, li
konte sou fòs sòlda li yo. Nou menm, nou gen
Seyè a, Bondye sèl Mèt la, pou ede nou, pou
goumen pou nou. 2Istwa.32 :7-8a

6. Seyè a voye di ou: Menm kote chen te niche san
Nabòt la, chen gen pou yo niche san pa ou tou.
1Wa.21 :19b

79

7. Zanj Seyè a kanpe bò kote tout moun ki gen krentif pou li, pou pwoteje yo. Li delivre yo lè yo nan danje. Sòm.34 :7

8. pwofèt Eli pwoche bò lotèl la, li di: -Seyè, Bondye Abraram, Bondye Izarak ak Bondye Jakòb, fè yo wè jòdi a se ou menm ki Bondye pèp Izrayèl la. Fè yo rekonèt se sèvitè ou mwen ye. Se ou menm ki ban m' lòd fè tout bagay sa yo! 1Wa.18 :36b

9. Mil (1.000) moun te mèt tonbe sou bò gòch ou, dimil (10.000) sou bò dwat ou, anyen p'ap rive ou.. Sòm.91 :7

10. Avèk Bondye bò kote nou, n'a fè bèl bagay nan lagè. Se li menm k'ap kraze lènmi nou yo anba pye l'. Sòm.60 :12

11. Gen pitye pou mwen, Seyè, paske mwen anba tray. Figi m' fin rale, mwen kagou. Kò m' ap fin deperi afòs mwen gen lapenn.. Sòm.31 :10

12. Samyèl pran yon ti poban lwil oliv, li vide l' sou tèt Sayil. Apre sa, li bo l', epi li di l': -Seyè a ba ou pouvwa pou gouvènen pèp Izrayèl la ki rele l' pa l'. W'a gouvènen pèp li a, w'a delivre yo anba men tout lènmi ki bò kote l' yo. Men sa k'ap fè ou wè se Seyè a menm ki mete ou apa pou gouvènen pèp ki pou li a. 1Sam.10 :1

DIFE KAP BRIYE A

Liv 19-Seri 3

Grandi nan favè ak konesans Jezikri

Avangou

Tout moun ta renmen grandi , pou yo konn tout bagay,
pou yo pa janm mouri. Se yon lide ki nan tèt tout
moun ; se domay yo pap gen tan konnen tout bagay ;
se lè yo gade yo wè sa pap janmen posib. Se sa ki fè yo
blije chèche pou wè, pou konnen, pou devlope sa yo ye
ak sa yo genyen. Se Jezi sèl ki bay nou sekrè pou nou
rive fè sa. Li montre nou ki jan pou nou grandi nan favè
ak nan konesans Bondye, pou nou pa janm mouri tou.
Li menm di nou se li ki chemen. Konsa, an nou swiv li.

Pastè Renaut Pierre-Louis

Leson 1
Konnen Kris ak pouvwa ki te fè'l soti vivan anba lanmò-a

Vèsè pou prepare leson an : Mat. Chp.5 à Chap. 8 ; Mat. 28 : 20 ; Mk. 16 : 17-18 ; Lik.10 :19 ; Jan.6 :5-12 ; Gal.2 :20 ; Ef.3 :20 ; Fil.3 : 4-10

Vèsè pou li nan klas la : Fil.3 :4-10

Vèsè pou resite : Se yon sèl bagay mwen bezwen: se konnen pou m' konnen Kris la, pou m' santi nan mwen pouvwa ki te fè l' leve soti vivan nan lanmò a, pou m' soufri ansanm avè l' nan soufrans li yo, pou m' rive mouri tankou li tou, Fil. 3 :10a

Fason pou fè leson an : Diskou, konparezon, kesyon

Bi leson an : Fè kretyen yo kwè ke menm pisans ki te sou kretyen yo nan tan lontan an, kap aji nan yo jodya tou.

Pou komanse

Anpil moun ap di ke apòt yo te gen anpil zèl pou Levanjil paske yo te wè Jezi ak de (2) grenn zye yo. Lapòt Pòl demanti yo paske li montre ke gen diferans ant Jezi yo te konn wè a, ak Jezi ki la ak nou Annèspri.

I. Ki avantaj yo genyen kant yo te wè Jezi ak 2 zye yo ?

Yo kap pale de Jezi

1. Nan vi li nan peyi Palestin nan.
2. Yo kap pale de mesaj li te bay sou Montay nan. Mat. Chapit 5 à chapit 8
3. Yo kap pale de kote yo tap viv, de vi moun yo, de mès yo ak pwogram yo
4. Yo kap pale de mirak yo, tankou pen ak pwason li te bay moun yo manje. Jan.6 : 5-12

II. Men ki avantaj ou genyen lè w konnen Kris ak pouvwa ki te fè'l leve pami mò yo.

Pouvwa sa kite frontyè Palèstin nan, li ale jis nan bout la tè. Mat. 28 : 20

1. Pouvwa saa fè kretyen yo fè kontak ak moun ki pa genyen menm mès ak menm lang ak yo.
2. Pouvwa sa fè kretyen yo konnen ke yo pa dwe ap tann pou yo resevwa pen ak pwason ak lòjman gratis ankò.
3. Pouvwa sa ap aji nan yo pou montre otorite yo sou Dyab la, sou maladi yo e pou yo fè bagay ki depase yo. Mk. 16 : 17-18 ; Ef.3 :20
4. Dayè se pa yo kap fè, men se Kris kap aji nan yo. Ga.2 :20
5. Yap gen kapasite pou yo mache sou sèpan ak èskòpyon e pa gen anyen mal ki kap rive yo. Lik.10 :19
6. Depi Sentèspri a pran yon desizyon, pa gen moun ki pou pale ankò, paske Jezi di li ap ak nou chak jou pou apiye sa nou deside. Konsa moun enkredil yo ap blije kwè nan li. Mat. 28 :20

Pou fini

Si ou vle wè Jezi nan peyi Palestin nan, ou mèt al tann li nan chanmòt la nan jènn ak priyè, pou tann Sentèspri a desann. Eske wap vini ? Konsa pare w pou w ale ak li jouk nan bout la tè.

Kesyon

1. Ki avantaj apòt yo te genyen kant yo te konn wè Jezi ak 2 grenn zye yo ?
   a. Yo te konn wè li kap travay pandan twazan nan peyi Palestin.

b. Yo te konn koute mesaj li yo.

c. Yo te benifisye mirak li yo.

2. Ki lè yo konnen 'l tout bon vre ?

   a. Kant yo te resevwa Sentèspri a pou yo ale toupatou al preche.

   b. Kant se Sentèspri a ki fè travay li nan yo

   c. Kant yo dwe viv ak la fwa, pa gen lama n ankò.

   d. Kant yo gen dwa fè otorite sou Satan e sou tout maladi.

3. Bay bon repons la :

   a. Pouvwa apòt yo te soti nan yon èstati JeziKri.

   b. Pouvwa a te soti nan moun ki save Legliz la.

   c. Pouvwa te soti nan anpil aktivite nan Legliz la.

   d. Ni pouvwaa, ni lòd pou yo pati a soti anwo nan syèl la.

4. Bay pi bon repons la

   a. Kès Legliz la kont pou nou, nou pa bezwen lama'n.

   b. Lama'n nan se te yon egzanp. Pastè la pou'l distribye resèt Legliz la bay fidèl yo.

   c. Kès Legliz pa la pou reponn a tout depans moun.

   d. Kretyen yo dwe kontribye pou bezwen Legliz la e genyen yon kès sekou pou pòv yo.

5. Bay pi bon repons la:

   a. Jezi bay nou Sentèspri a pou nou fè parad.

   b. Jezi bay nou Sentèspri a pou nou pale an lang.

   c. Fòk nou ranpli yon aplikasyon pou nou gen Sentèspri a.

   d. Jezi bay nou Sentèspri a pou nou fè travay li.

85

Leson 2
Nou dwe patisipe nan soufrans li yo

Vèsè pou prepare leson an : Tra.4 :17 ;5 :28 ; 9 :15 ;
1Co. 1 :11-13 ; 5 :9-13 ; 2Co. 11 :26-28 ;12 : 7-10 ;
Ro.8 :18
Vèsè pou li nan klas la : 2Co.12 : 5-10
Vèsè pou resite : Se sak fè tou mwen kontan anpil lè
m' santi m' fèb, lè y'ap joure m', lè m' nan lafliksyon, lè
m' anba pèseksyon, lè m' nan fikilte, lè m'ap sibi tou sa
akòz Kris la. Paske lè m' fèb, se lè sa a mwen gen fòs.
2Ko.12 :10
Fason pou fè leson an : Diskou, konparezon, kesyon
Bi leson an : Montre ke pou nou sanble ak Kris, fòk
nou asèpte soufri ak li.

Pou komanse
Eske nou blije soufri pou Kris kant li te déjà soufri pou
nou ? Se pa li menm ki te di « Tou sa ki pou te rive
rive ? » Pouki sa apòt Pòl di nou pou nou patisipe tout
bon nan soufrans Kris yo ?

I. Se poutèt non Kris la menm. Tra.9 :15
  1. Pòl, te yon jwif a san pou san, ki pat janmen vle
     lonmen non Kris nan bouch li. Tra.4 : 17 ; 5 :28
  2. Jezi te avèti'l de soufrans li pral genyen poutèt non
     li. Tra.9 :15
  3. Li te konnen anpil soufrans, anpil traka pou non
     Kris la. 2Ko.12 :10

II. Se poutèt Legliz Jezi-Kri a
  1. Legliz yo te bay Pòl anpil pwoblèm. 2Ko.11 :28
  2. Te genyen anpil kretyen ki tap viv nan
     vagabonday. 1Ko.5 :9-13

3. Gen kretyen ki tap fè patipri. 1Ko. 1 : 11-13
4. Genyen fo kretyen menm ki te menase lavi apòt la. 2Ko.11 :26

III. Sepoutèt yon maladi li te soufri
1. Li te priye Bondye pou li wete'l, men Senyè a pito di'l : « Se favè'm ase ou bezwen.» 2Ko.12 :9
2. Sa vle di : Se nan kondisyon ou ye a ke'm te bezwen w pou w fè travay mwen e pou'w rete nan chemen Sali a.». 2Ko.12 : 9

IV. An nou konsidere sa ki nan kè Pòl
1. Li di nou ke li pran plezi kant lap soufri pou Kris. 2Ko.12 :10.
2. Li aji tankou yon vanyan solda. 2Ti.2 :4
3. Li pap pèdi tann ap gade soufran li yo pou jodia, men lap gade glwa Bondye kap vini pou li demen. Rom. 8 :18

Pou fini
Sanble ak Kris mande pou nou soufri pou li. An nou soufri ak la fwa. Se yon nyaj kap pase. Li pap rete sou syèl nou pou toutan.

Kesyon

1. Ki sa jwif tout bon an rayi di nan bouch li ? Non
Jezi-Kri

2. Di mwen yon jwif tout bon vre ou konnen ki te
soufri pou non Jezikri . Sol de Tas

3. Ki bagay nan Legliz ki te fè'l soufri ?
   a. Legliz yo tap bay li pwoblèm
   b. Gen kretyen ki tap viv nan dezòd
   c. Gen kretyen ki te nan patipri
   d. Te gen anpil fo kretyen nan Legliz yo

4. Ki soufrans pèsonèl li te genyen ?
   Li te genyen yon enfimite ki pat janm soti

5. Ki sa Letènèl te di'l de enfimite saa ? Se favè'm ase
   ou bezwen

6. Ki konpòtman li te blije adòpte ?
   a. Li pran plezi nan soufrans yo.
   b. Li aji tankou yon vanyan solda
   c. Lap gade a glwa li va jwen demen nan Kris

Leson 3
Etabli yon bon koneksyon ant tè e syèl la

Vèsè pou prepare leson an: 2Istwa.14: 7-14 ; Sòm.
33 :13-18 ; 41 :1-14 ; Job.12 : 10 ; Jer. 23 :23 ;
Rom.8 :26-27 ; Ebre.13 :9
Vèsè pou li nan klas la : 2Istwa.14 : 5-14
Vèsè pou resite : Ala bon sa bon pou moun ki pran
ka pòv yo! Seyè a va delivre l' lè la nan tray.Sòm.41 :1
Fason pou fè leson an : Diskou, konparezon, kesyon
Bi leson an : Ede kretyen yo aji fwa yo pou gade bon
relasyon ak Bondye.

Pou komanse
Kant ou konnen ou gen bon relasyon ak papa Bondye,
ou pa bay lòt relasyon yo twòp enpotans. Men ki
disiplin ou dwe genyen lè saa.

I. Ou toujou bay Bondye premye plas la
Ou dwe refize sekou ki soti nan men lòt moun pou
bay Bondye tout reskonsablite'l.
1. An nou pran egzanp wa Aza : Lè li devan yon ka
enposib li rele : « Letènèl, se ou menm ki Bondye
nou. Nou jwe anba w. Pa bay lòm legen sou w!
2 Istwa. 14 :11
2. Kan David kouche malad li di : M'a konnen ke w
kontan avè'm vre, si ou pa kite lènmi an banboche
sou do'm. Wi, wap soutni'm paske mwen pa fè
anyen ki mal. Wap fè'm kanpe la devan' w pou
toutan. Sòm.41 : 12-13

II. Ou bezwen gen la fwa tankou yon baz pou voltije jwen Bondye.

Kretyen an dwe konnen :

1. Apa plat men Bondye li pa gen lòt adrès. Job.12 :10 ; Jan.10 :28
2. Bondye ap gade tout bagay. Ebre. 13 :9
3. Fwa kretyen an se èstatè a pou nou peze pou mete syèl la an mouvan nan yon ti segonn.
4. Bondye ap kontwole tout bagay. Sòm.33 :13 Bondye wè lwen e li wè pre. Jer.23 :23
5. Lap tann konsa ke nou rele'l . Fil.4 : 6
6. Li dwe konnen ke Sentèspri a la pou li tradui tout priyè nou, pou mete yo nan kondisyon ke syèl la mande pou yo ye, pou nou jwen repons tout swit nan men papa Bondye.
Rom. 8 :26-27

Pou fini
Bat pou nou gen lafwa nan Bondye e bat pou nou ranpli ak Sentèspri a.

Kesyon

1. Chwazi onètman pi bon relasyon ou kap genyen
   an : ___ Prezidan an ___ Téléko ___ Bòs travay la
   ___ Papa nou ki nan syèl la.

2. Di nou yon bèl pawòl wa Aza : « Letènèl, se ou
   menm ki Bondye nou. Nou jwe anba w. Pa bay lòm
   legen sou w! »

3. Ki machin ki pote priyè nou devan papa Bondye ?
   La fwa nou

4. Nan ki adrès priyè nou ale ? Devan papa Bondye

5. Ki moun ki mete sinyati li sou priyè nou ? JeziKri.

6. Koman nou ka konnen ke Bondye pral reponn
   priyè nou yo?
   a. Li kontwole tout bagay
   b. Li tap tann konsa ke nou rele'l

7. Ki moun ki mete dosye nou yo an nòd devan
   Bondye ? Sentèspri a

Leson 4
Ou dwe sanble ak yon wa nan karaktè w

Vèsè pou prepare leson an : Jen.1 :26 ; 22 : 1-2 ;
Ex.12 :1-7; 16 :12-13 ; 1S. 17 :24-54 ; 21 :8-9 ; Sòm.8
:6; Es.7:14; Mich.5 :1 ;1S.16: 7-11; Lik.1:34-37
Vèsè pou li nan klas la : 1S.16 : 1-13
Vèsè pou resite : Wi, mwen gen yon ti dènye. Men, l'
al mennen mouton m' yo al nan manje. Samyèl di li: -
Voye chache l', paske nou p'ap konmanse sèvis la tout
tan li pa vini.1Sam.16 :11b
Fason pou fè leson an : Diskou, konparezon, kesyon
Bi leson an : Montre ke tout moun dwe respekte moun
ke Bondye destine pou'l vin kichoy.

Pou komanse
Depi yon moun te ne pou'l te vin yon wa, ni moun, ni
sikonstans oblije tann li.

I. **Rete tann nan, li obligatwa** :
1. **An nou pran Adan. Tout bagay nan nati la
dwe rete tann li**
Genyen 3 domenn nan nati la : plant yo, metal
yo, ak bèt yo. Bondye kreye yo avan pou yo rete
tann Adan ki gen pou vini pou'l dominen sou yo.
Jen. 1 :26
2. **An nou pran David. Li pral wa nan Izrayèl.
Tout moun dwe tann li**
Kant Letènèl voye pwofèt Samyèl pou mete
onksyon wa sou yon piti Izayi, yonn nan pitit
misye yo pat kalifye. Samyèl mande'l si'l pa
genyen lòt pitit. Izayi reponn li : Si la ki rete a, lap
gade mouton yo. Samyèl reponn li : **Nap tann li.**

Toutotan li poko vini mwen pap ka ofri sakrifis la. 1Sam.16 :11

3. An nou pran Jezi. Wa sou tout wa. Lemonn antye tap tann li

Yo te anonse ke lap vini

a. Yo pran senbòl pou fè sa : Izarak vle di pitit gason lejitim papa a ki pral pase nan sakrifis.

b. Ti mouton jou fèt Pak la vle di ti mouton ki pou pote peche lemonn antye

c. Lama'n nan vle di : Jezi se pen pou nouri tout moun. Jen.22 : 1-2 ; Egz. 12 :1-7 ; 16 : 12-13

d. Yo chwazi kote'l pral fèt la avan li fèt. Mich.5 :1

e. Mesaje soti nan syèl pou anonse'l. Lik.1 : 34-37

c. Tout moun déjà konnen ke lap soti nan vant yon ti fiy ki te vièj. Eza 7 : 14

4. E nou menm ? Tout anj yo dwe pou tann nou.

a. Bondye papa nou se wa. Nou menm se ti pwens ak Bondye. Li kreye nou pou dominen sou tout bagay e sou SatanleDyab. Sòm.8 : 6

b. Syèl la ap tann nou pou jou nòs la ak Jezi.

c. David ki te genyen karaktè yon wa, fè yon jès ke tout wa ta dwe fè : Li koupe tèt Goliat e li pote'l Jerizalem, ki vil gran waa. Li pran zam Goliat la, li pote'l nan tanp Letènèl la ki wa sou tout wa ki genyen. 1Sam. 21 : 8-9.

d. Zafè piyay sou byen lame filisten yo, li kite sa pou moun yo ki pat gen kouraj pou al kontre Goliat men ki te kanpe ap fè djòlè. 1Sam.17 : 24-25, 53-54

Pou fini

Puiske ou menm se yon ti prens, se pou w konpòte w byen e sonje ke jou a gen pou rive pou'w chita sou yon twonn akote Jezi ki va sakre wa dè wa e Senye sou tout Senyè.

Kesyon

1. Ki privilèj moun ki gen pou yo wa genyen ?
   Ni moun, ni sikonstans dwe pou tann yo.

2. Sa nou di pou Adan ?
   Puiske li dwe wa sou tout sa ki nan nati la, yo tout dwe chita tann li.

3. Sa nou di pou David ?
   Puiske David te gen pou'l wa, tan ke li poko vini, Samyèl di li pap kapab fè sakrifis la.

4. Ki sa nou di de Jezi ?
   Puiske li wa sou tout wa, yo dwe anonse'l pa plizyè fason avan'l vini

5. Ki sa ki di de nou?
   Puiske nou menm se pwens ak Bondye,
   a. Nou dwe dominen sou tout bagay
   b. Syèl la ap tann nou pou nòs la ak Jezi.

6. Bay nou yon egzanp de pwens ki te genyen karaktè yon wa.
   David touye Goliat, men li pa patisipe nan piyaj afè filisten yo.

Leson 5
Se pou'w viv ak karaktè yon chanpyon

Vèsè pou prepare leson an : Sòm.119 :19 ; 121 : 1 ;
Mat.6 :13 ;   7 :13 ;   Lik.9 :59 ;   Jan.14 :6 ;   Tra.1 :8 ;
Ti.3 :3-5 ; He.10 :4 ; 12 :13 ; 1Jan.5 :19
Vèsè pou li nan klas la : He.12 : 7-15
Vèsè pou resite : Paske nan batay n'ap mennen kont
peche a, nou poko goumen jan nou ta dwe jouk pou
nou ta mouri. Ebre.12 :4
Fason pou fè leson an : Diskou, konparezon, kesyon
Bi leson an : Ogmante fwa kretyen yo lè yo devan
difikilte.

Pou komanse
Depi ou nan yon eprèv, se fwa'w ki pou aji pou ke
Bondye trouve glwa nan viktwa 'w. Se poutèt sa ou dwe
viv ak karaktè yon chapyon, pou'w pa pè batay la vi a.
Men ki disiplin pou 'w genyen :

I. Ou dwe rete nan chemen Levanjil la
1. Lemonn se pa lakay nou paske li déjà anba pisans
   Dyab la. 1Jan.5 :19
2. Se etranje nou ye, nou pa rezidan sou planèt saa.
   Sòm.119 :19
   a. Kris chaje nou pou nou al preche Levanjil
      toupatou, a tout moun, depi lakay nou jouk
      nou jwen bout latè. Tra. 1 : 8
   b. **Jezi pa di « mwen se yon savann » ; Li di
      « mwen se chemen an ».** Jan.14 :6
   c. Se li ki konnen wout pou nou pase ladan an.
      Nou pa gen dwa pèdi ak Jezi nan chemen an.
      Jan.14 :6 ; Ti.3 :3-5

95

3. Sèlman depi nou vle swiv li, li odonen nou pou nou pase nan ti pòt jis la e pou nou swiv li pye pou pye. Mat.7 :13 ; Lik.9 :59

   a. Ap toujou gen tantasyon pou distrè nou, men Jezi pwomèt pou'l pa kite nou tonbe nan yo. Mat. 6 : 13

   b. Fwa nou kretyen ap toujou egzije nou pou nou gen yon disiplin pou nou ka devni chanpyon. Ebre.12 :4

   c. Fòk ou mache kote ki plat, pou pye kap bwate a pa foule pi plis, okontrè, pou'l ka geri. Ebre.12 : 13

4. Men sekrè map bay w:

   Tan pou'w rete ap gade pwoblèm, chèche solisyon an pito. Pwoblèm se mòn wap monte. Yo pi wo pase 'w. Men papa Bondye piro pase mòn ou yo. Li dominen yo. Li gen solisyon pou pwoblèm ou yo. Sòm.121 :1

Pou fini

Lite byen. Trofe viktwaa ap tann nou anwo nan syèl la.

Kesyon

1. Ki lè Bondye glorifye nan eprèv nou yo?
   Kant nou gen viktwa nan yo.

2. Ki disiplin pou nou genyen pou nou kap yon chanpyon nan Kris?
   a. Nou dwe sonje ke lemonn se pa lakay nou. Li déjà anba pisans SatanleDyab
   b. Nou dwe sonje ke nou pa rezidan men nou se etranje sou planèt la.
   c. Nou dwe sonje ke Kris se chemen nou, li pa yon savann.

3. Ki jan de moun ki kap chanpyon ?
   Moun ki asepte pase nan pòt jis la e ki dakò kontinye mache ak Kris.

4. Ki sa Senyè mande nou ?
   a. Pou nou gade a Kri sèlman.
   b. Nou dwe asepte tout disiplin ke la fwa yon kretyen egzije.
   c. Fòk nou mache dwat pou tèt pa nou e pou lòt yo pa swiv move egzanp nou.

5. Ki sa ki sekrè chanpyon yo ?
   a. Yo toujou gade a solisyon men non a pwoblèm
   b. Yo konnen kelkeswa otè mòn nan, Jezi pi wo pase'l.

Leson 6
Aprann remèt Bondye reskonsablite'l

Vèsè pou prepare leson an : 2Istwa.19 :5-11 ; 20 :1-22

Vèsè pou li nan klas la : 2Istwa.20 :14-22

Vèsè pou resite : Nou pap bezwen nan goumen menm. N'ap annik pran pozisyon nou. Apre sa tann. N'ap wè Senyè a ap ban nou gan y. 2Istwa.20 :17a

Fason pou fè leson an : Diskou, konparezon, kesyon

Bi leson an : Fè kretyen yo sonje remèt Bondye tout sa ki twòp pou yo.

Pou komanse
Eske w kwè gen yon moman ki rive pou'w remèt tout reskonsablite yo bay Bondye ? Men wi !

I. Sa fèt kant fòs nou rive nan limit nou pa kap depase.
1. Nou dwe louvri zye nou pou'n rekonèt ke gen batay ki pa pou nou:
Ki jan pou wa Jozafa, ta kap goumen a twa lame ki kanpe kont Izrayèl ? 2Istwa.20 : 1-2
2. *Men ki sa'l pa fè.*
   a. Li pa fè piti devan moun.
   b. Li pa pete kouri.
   c. Li pa siyen demisyon'l.
   d. Nou vle di : li pa chèche solisyon ki fasil yo ke moun lach yo konn pran.
3. *Men ki sa li te fè.* 2Istwa.19 :5-11
   a. Depi kèk jou, li te nonmen bon jij nn tout gran vil peyi Jidaa. E li te mande yo pou yo fè jijman pèp la ak krentif pou Letènèl. 2Istwa.19 :5-7

b. Li te retabli Levit yo ak sakrifikatè yo nan Tanp la pou yo jije pèp la dapre Lwa Letènèl la. 2Istwa.19 : 8-10

4. ki sa li fè ankò

a. Li pibliye yon sèvis jèn pou tout peyi a. 2Istwa.20 :3

b. Li plede kòz nasyon an devan Letènèl. 2Istwa.20 : 6-12

c. Li fè yon seleksyon manm koral, li bay yo inifòm tou nèf e li mete yo devan lame a. Lame a mache dèyè manm koral yo paske se syèl la ki pral konbat. 2Istwa.20 :21

d. E kounyeya, li pa gen okenn pè, li desann pou 'l mache kont lènmi an. 2Istwa.20 : 20

E ki sak pase ? Yo genyen batay la san yo pa tire yon kout peta. 2Istwa.20 : 22

Pou fini

Dépoze za'm ou, bay Letènèl kote pou'l kanpe pou'l konbat pou w.

Kesyon

1. Ki moman ki rive pou'w remèt tout reskonsablite yo bay Bondye ?
   Sa fèt kant fòs nou rive nan limit nou pa kap depase.

2. Ki jan pou nou konn sa ? Nou dwe louvri zye nou pou'n rekonèt ke gen batay ki pa pou nou

3. Bay nou yon egzanp
   Wa Jozafa te gen pou kontre kòn li ak twa gwo lame ki pi fò pase'l.

4. Ki jan li te mennen batay la ?
   a. Li pibliye yon sèvis jèn pou tout peyi a .
   b. Li plede kòz nasyon an devan Letènèl.
   c. Li fè yon seleksyon manm koral, li bay yo inifòm tou nèf e li mete yo devan lame a.
   d. Li mache sou lènmi yo

5. Ki jan sa te soti ? Letènèl chanpyon.

Leson 7
Ou dwe chwazi moun ki pou zanmi'w

Vèsè pou prepare leson an : Sòm.1 :1-6 ; 4 :5 ; 17 :3 ;
77 :7 ; 1Co.5 : 9-13 ; Ep.5 : 18-21 ; 2Ti.2 :22 ; Ju. 20-23
Vèsè pou li nan klas la : Ep.5 : 18-21
Vèsè pou resite : Lè n'ap pale yonn ak lòt, sèvi ak
pawòl ki nan sòm yo, nan kantik yo, ak nan chante
Lespri Bondye a moutre nou. Chante kantik ak sòm
pou Seyè a lè n'ap fè lwanj li ak tout kè nou.. Ef. 5 : 19
Fason pou fè leson an : Diskou, konparezon, kesyon
Bi leson an : Devlope relasyon èspirityèl ak kretyen ki
èspirityèl.

Pou komanse
Eske nou konnen ke pèson pa kap grandi nan favè e
nan konesans Senyè a si li pa gen yon bon baz
èspirityèl? Men sa ou dwe konnen kan menm :

I. Gen moun pou'w pa frekante.
 1. Nan Sòm Premye, yo rele yo: méchan, moun
    kap fè mal ak moun kap pase Bondye nan betiz.
    Sòm.1 :1-2
 2. Pòl rele yo : swadizan frè. Si yo ofri w manje,
    se pou'w di yo "non mèsi".1Ko.5 :11-13
 3. Jid di pou'w pa bay yo lanmen : Jid 23

II. Men gen moun pou'w cheche fè zanmi ak yo
 1. Pa kite lanvi ki nan kè jenn moun yo pran pye
    sou ou. Rete lwen yo.
 2. Men, mete tèt ou ansanm ak moun ki gen kè yo
    nan kondisyon pou sèvi Bondye, moun k'ap rele
    Bondye, k'ap chache fè sa ki dwat devan l' epi
    k'ap chache gen konfyans, renmen ak kè poze.

2Ti.2 :22
a. Moun sa yo chèche konprann Bondye nan sa ki di nan Sòm yo, nan kantik èspirityèl yo. Yo pa nan chan roy roy kote Levanjil la mele ak chan diaz yo. Ef.5 :19
b. Yo di Bondye mèsi pou tout bagay. Ef.5 : 20
c. Tan pou yo chofe yon diskisyon pou chèche gen rezon, yo pito bay moun nan lagan y pou la glwa Bondye. Ef.5 :21

III. **Gen yon lè pou 'w rete ou menm sèl ak Bondye.**
1. Li bon pou 'w egzaminen konsyans ou. Gade sa David di:
« Ou mèt sonde kè m', ou mèt vin wè m' nan mitan lannwit, ou mèt egzaminen m' tout jan, ou p'ap jwenn okenn move lide nan kè m'. Pawòl ki nan bouch mwen, se li ki nan kè m'. » Sòm.17 :3
2. Li menm bay nou yon egzotasyon : « Se pou nou tranble tèlman nou pè, se pou n' sispann fè sa ki mal. Lè nou pou kont nou nan chanm nou, kalkile sou sa. Epi pe bouch nou. Sòm.4 :5
3. Pou'l medite li di : Mwen pase nwit ap repase chante yo, m'ap kalkile anpil nan kè m', m'ap egzaminen. Sòm.77 :6

Pou fini
Tanpri, pran Jezi pou konpanyon priyè'w. Konsa dimensyon èspirityèl ou a debòde mezi'l.

Kesyon

1. Nan leson saa ki prekosyon pou nou pran pou nou grandi nan favè ak konesans Jezi-Kri ?
   Gen moun pou nou pa frekante, gen lòt pou nou chèche e gen yon lè pou'w rete pou kont ou.

2. Di m kèm moun pou'w evite :
   Méchan, moun kap fè mal ak moun kap pase Bondye nan betiz.

3. Ki jan de moun pou'w bat fè zanmi ak yo ?
   a. Moun kap chèche konprann Bondye nan sa ki di nan Sòm yo, nan kantik èspirityèl yo. Yo pa nan chan roy roy kote Levanjil la mele ak chan diaz yo.
   b. Yo di Bondye mèsi pou tout bagay.
   c. Tan pou yo chofe yon diskisyon pou chèche gen rezon, yo pito bay moun nan lagan y pou la glwa Bondye

4. Pouki sa gen de lè, ou dwe rete pou kont ou ?
   a. Pou'w egzaminen konsyans ou
   b. Pou w konsantre, pou'w fè meditasyon

5. Trouve pi bon repons la
   a. Mwen pa kap rejte paran'm menm si'l nan movèz vi.
   b. Mwen pa kapab reproche paran'm pou movèz vi la'p mennen pou'm evite zizani
   c. Paran'm se paran'm. Levanjil pa gen anyen pou' wè nan sa.
   d. Mwen dwe egzote paran saa, priye pou li paske Bondye pral mande'm kont pou nanm li

Leson 8
Aprann rete nan jenn ak priyè

Vèsè pou prepare leson an : Ex.34 :29-35 ; Sòm. 1 :1-5 ; 34 :6 ; 42 : 8-11 ; Pr.3 :26 ; 17 :22 ; Mat. 4 : 5-6 ; 17 :21 ; Lik.10 : 38-42 ; Ep.6 :13
Vèsè pou li nan klas la : Ep.6 :10-17
Vèsè pou resite : Se poutèt sa, depi koulye a, pran tout zam Bondye bay yo. Konsa, lè move jou a va rive, n'a ka kenbe tèt ak lènmi an. Lè batay la va fini nèt, n'a kanpe la byen fèm nan pozisyon nou toujou. Ef.6 :13
Fason pou fè leson an : Diskou, konparezon, kesyon
Bi leson an : Dévlope yon vi de priyè pami kretyen yo

Pou komanse
Gen chwa yon moun fè nan vi'w ki sanble ak yon gwo ekonomi. Pa genyen tankou jènn ak priyè.

I. ki sa'l vo w pou kounyeya ?
Jezi rele'l « pi bon moso a moun pa kap retire nan men'w nan». Lik.10 : 40-42
1. Jèn ak priyè chanje milye wap viv la
   Li fè w gen jwa. Yon kè jwaye se yon bon medikaman. Ou vin gen yon pi bon sante. Sòm. 34 :6 ; Pr. 17 :22
2. Li fè advèsè yo kouri devan'w. Jezi di nou « gen yon kalite demon se sèl jèn ak priyè ki kap mete yo deyò. Mat. 17 :21
3. Li ogmante depo èspirityèl ou.
   a. Nou wè figi Moyiz te klere anpil afòs li tap viv nan prezans Letènèl. Egz.34 :29
   b. Pitit Izrayèl pat kapab gade'l nan je. Konsa, Moyiz te blije kouvri figi'l ak yon vwal. Egz.34 :35

II. Men ki sa'l vo'w nan lavni ou?

1. Pa kwè wa'p toujou gen menm zèl la pou w jene e priye chak jou. Li vin yon rezèv pou w tankou yon ekonomi ou mete nan Bank pou vye jou w. Ef.6 :13

2. **Ki sa ki vye jou a ?**
   a. Se jou Satan vin simen dout nan kè'w, lè ou malad nan kò'w ou byen nan nanm ou. Sòm.42 :8-11
   b. Jou mechan atake'w sanzatann. Pwo.3 :26
   c. Jou ou pa konn sa pou'w fè se lè saa yon moun bay ou konsèy pou 'w fè sa la Bib defann ou fè. Sòm.1 :1
   d. Jou ke lide fè wè a pran w pou 'w al chèche pale de ou. Mat. 4 : 5-6
   e. Jou ou pral tonbe nan yon tantasyon.

Pou fini

Jèn ak priyè a se yon randevou ak syèl la. Tanpri, pa rate'l

Kesyon

1. Ki sa jèn ak priyè reprezante nan leson saa ? Yon lajan ou mete nan kont depay nan Bank Bondye.

2. Ki sa li vo pou kounyeya ? Pi bon moso a moun pa kap retire nan men'w nan»

3. Ki dibyen jèn ak priyè fè pou w ?
   a. Jèn ak priyè chanje milye wap viv la
      Li fè w gen jwa. Ou vin gen yon pi bon sante.
   b. Li fè advèsè yo kouri devan'w.
   c. Li ogmante depo èspirityèl ou.

4. Ki sa li vo pou lavni w ?
   Li yon rezèv pou vye jou yo.

5. Ki sa vye jou a vle di ?»
   a. Se jou Satan vin simen dout nan kè'w lè ou malad nan kò'w ou byen nan nanm ou.
   b. Jou mechan atake'w sanzatann.
   c. Jou ou pa konn sa pou'w fè ; se lè saa yon moun bay ou konsèy pou 'w fè sa la Bib defann ou fè
   d. Jou ke lide fè wè a pran w pou 'w al chèche pale de ou.

Leson 9
Konnen ki jan pou'w jere eprèv yo

Vèsè pou prepare leson an : Job. 42 :10-12 ; Sòm.46 :
2 ; Je.1 :19 ; 1Co.10 :13 ; Ph.2 :13 ; He.12 :1-8 ; Ja.1 :
2 ; 1Pyè.4 :1
Vèsè pou li nan klas la : He. 12 : 4-13
Vèsè pou resite : Tout tantasyon nou jwenn sou
chemen nou, se menm kalite tantasyon tout moun
jwenn sou chemen yo tou. Men, Bondye li menm
toujou kenbe pawòl li: li p'ap kite yo tante nou yon jan
ki depase sa nou ka sipòte. Men, lè nou va anba
tantasyon an, la ban nou fòs pou nou ka sipòte l', pou
nou ka soti anba li. 1Ko.10 :13
Fason pou fè leson an : Diskou, konparezon, kesyon
Bi leson an : Pou nou pa di eprèv se madichon ki
tonbe sou nou.

Pou komanse
Depi yon elèv ap antre nan sal egzamen pou'l konpoze,
li toujou gen yon ti kè sote. L'ap mande ki sa'l pra'l
mete sou fèy la. Se depi lè saa pou'l konnen si lap pase
ak si'l pap pase.

I. Ki ta dwe atitid yon moun ki vle reyisi ?
1. Li pa dwe di ke eprèv la se madichon'l genyen. Li
   dwe pran l tankou premye pa nan pwomosyon
   pou l grandi nan gras ak konesans JeziKri.
2. Pou apòt Jak menm li wè se yon okazyon pou'l
   kontan. Ja.1 :2
3. Se yon lòt opotinite pou montre tout moun ke
   Jezi rete nan la vi nou, ke li gen dwa fè sa'l pito
   ladan Fil.2 :13

4. Se yon lòt opotinite pou montre tout moun ke nou menm se pitit papa Bondye. Ebre.12 : 8

II. Ki sekrè kretyen an?

1. Li konnen ke glwa Bondye manifeste kant nou kenbe fèm pou nou pa peche. Ebre.12 :4

2. Li konnen ke Kris te soufri nan kò'l ; konsa , nou menm tou, se pou nou asèpte soufri menm jan tou. 1Pyè.4 :1

3. Li konnen Bondye pa konn fè mal. S pou nou asèpte soufrans tankou se papa nou kap pini nou. Ebre.12 : 7

4. Li konnen ke tout tantasyon yo nou genyen, tout lòt moun konn genyen yo tou. Bondye bay nou sa nou ka sipòte. Li pap kite'l depase fòs nou. 1Ko.10 :13

5. Li konnen ke Dyab la ka atake nou tankou li te fè pou Jòb, men li pap bay li dwa pou li venk nou. Sòm.46 : 2 ; Je.1 :19

Jòb te genyen de(2) fwa benediksyon apre eprev li yo. Ou mèt tann pa w tou. Jòb. 42 : 10-12

Pou fini

E byen, konyeya ou déjà prèt pou w vòltije, pou'w grandi nan gras ak nan konesans sovè nou Jezi-Kri. Mete van nan vwèl ou !

Kesyon

1. Ki ta dwe atitid yon moun ki vle reyisi ?
   a. Li pa dwe di ke eprèv la se madichon'l genyen. Li dwe kwè ke se moman ki rive pou'l fè yon pwogrè nan vi èspirityèl li.
   b. Li dwe pran'l tankou yon okazyon pou'l kontan.
   c. Se yon lòt opotinite pou montre tout moun ke Jezi rete nan la vi nou, ke li gen dwa fè sa'l pito ladan
   d. Se yon lòt opotinite pou montre tout moun ke nou menm se pitit papa Bondye nou ye.

2. Ki sekrè pitit Bondye a ?
   a. Li konnen ke glwa Bondye manifeste kant nou kenbe fèm pou nou pa peche.
   b. Li konnen ke Kris te soufri nan kò'l; konsa, nou menm tou, se pou nou asèpte soufri menm jan tou.
   c. Li konnen ke Bondye pa konn fè mal. Se pou nou asèpte soufrans tankou se papa nou kap pini nou.
   d. Li konnen ke tout tantasyon yo nou genyen, tout lòt moun konn genyen yo tou. Bondye bay nou sa nou ka sipòte. Li pap kite'l depase fòs nou.
   e. Li konnen ke Dyab la ka atake nou, men li pap bay li dwa pou l venk nou.

3. Touve bon repons yo :
   a. Eprèv yo se yon chatiman Bondye.
   b. Eprèv yo se sa nou fè nap peye
   c. Eprèv yo soti nan Satan.
   d. Eprèv yo soti nan Bondye.

4. Touve bon repons la :
   a. Yon kretyen pa gen dwa soufri.
   b. Yon kretyen dwe asèpte soufrans kòm si li te dou.
   c. Yon kretyen pa dwe kite moun wè si la'p soufri
   d. Yon kretyen dwe chèche solisyon nan Bondye.

5. Vre ou fo:
   a. Nesesite kont Lwa Bondye. _ V _F
   b. Nou gen dwa la kay bòkò, apre sa na mande Bondye padon __ V _F
   c. Si yon moun ap soufri, se yon peche li sot fè. Li dwe konfese'l kounyeya _V _F

Leson 10
Asèpte tout sa Bondye vle

Vèsè pou prepare leson an: Lev. 4 :11-12 ; Eze.4: 1-17

Vèsè pou li nan klas la : Eze.4 : 4-12

Vèsè pou resite : M'ap mare ou byen mare, konsa ou p'ap ka vire chanje bò toutotan tout jou pou yo sènen lavil la poko fin pase. Eze.4 :8

Fason pou fè leson an : Diskou, konparezon, kesyon

Bi leson an : Se pou aprann kretyen yo obeyi Bondye menm si yo pa konprann.

Pou komanse

Eske nou gen dwa rejenbe lè Bondye pase yon lòd? Ki sa nou ye pou'n fè sa? Si' w ta vle konnen, vinn fè yon ti chita nan salon an pou'w tande ki sa Letènèl di pwofèt Ezékyèl.

I. Nonm o :
1. Wap kouche sou bò gòch ou. W'a pran tout peche moun pèp Izrayèl yo sou ou. Wap rete kouche konsa pandan tout tan w'ap pote chay peche yo a. Mwen deside pou yo pase twasankatrevendizan (390) ap peye pou peche yo. Konsa, m'ap fè ou pase twasankatrevendi (390) jou ap pote chay peche moun peyi Izrayèl yo, yon jou pou chak lanne. Apre sa, w'a vire kouche sou bò dwat ou. W'a pote chay peche moun peyi Jida yo pandan karant jou, yon jou pou chak lanne chatiman yo. Ez.4 :4-6
2. M'ap mare ou byen mare, konsa ou p'ap ka vire chanje bò toutotan tout jou pou yo sènen lavil la poko fin pase. Ez.4 :8

3. Bon, koulye a ou pral pran ble, lòj, gwo pwa, ti pwa, pitimi ak ble mòn, w'a mete yo ansanm nan yon sèl veso. W'a fè pen ak yo. Pandan tout twasankatrevendi (390) jou w'ap pase kouche sou bò gòch ou a, se sa ase w'a manje. Eze. 4 : 9

4. W'a pran yon moso pen ki peze yon demi (1/2) liv pou ou manje chak jou. Se sa ase pou ou manje chak jou. Eze. 4 :10

a. W'a pran okabennen moun, w'a fè dife pou kwit pen pou ou manje a devan tout moun. Eze.4 :12

5. Ezekyèl rele anmwe, li santi li pa kapab ankò. Lè sa a, Bondye di l' konsa: -Dakò. M'ap kite ou pran kaka bèf pito pase okabennen moun. Ou mèt fè dife avè l' pou kwit pen ou lan. Eze. 4 : 15

II. An nou wè sa ki pase nan kè pwofèt la

1. Lè li te nan peyi Izrayèl, li te yon sakrifikatè pou Letènèl.

2. Li te konn brile kaka bèt yo deyò kan an. Lev. 8 :17

3. Jodia, Bondye mete'l pwofèt nan Diaspora Babilòn nan . Li blije ap sèvi ak kaka bèt pou fè dife pou kwit manje'l. Ki kalite imilyasyon sa pou yon sèvitè Bondye ! Eze.4 :15

Pou fini

Eske nou wè nan ki degre pou nou asèpte imiliye nou pou nou kapab grandi nan favè ak konesans Senyè a ak Sovè nou an ?

Kesyon

1. Ki preskripsyon Letènèl te bay pwofèt Ezekyèl ?
   Pou'l kouche sou bò gòch li twasankatrevendi jou
   (390 pou pote peche peyi Izrayèl yo, e karant jou
   (40) sou bo dwat li pou pote peche peyi Jida.

2. Eske li gen dwa chanje nan lòd saa ? Non.

3. Pouki sa ? Paske Letènèl ap mare'l anba kòd
   toutotan sa'l di a poko fin fèt.

4. Ki sa li pral manje nan lè saa ?
   Letènèl bay li pèmisyon pou'l manje ble, lòj, gwo
   pwa, ti pwa, pitimi ak ble mòn. Li bay ki kantite
   pou'l manje, ke li pa gen dwa depase.

5. Ki sa li bay li pou desè?
   Li bay li gato ki kwit anwo okabinen moun
6. Ki sa Ezekyèl di nan sa?
   Li soupriye Letènèl pou chanje'l

7. Eske'l asèpte ? Wi. Li di'l kwit li sou kaka bèf pito.

8. Ki sa ki tap pase nan tèt pwofèt la?
   a. Lè li te nan peyi Izrayèl, li te yon sakrifikatè pou
      Letènèl. Li te konn brile kaka bèt yo deyò kan
      an.
   b. Jodia, Bondye mete'l pwofèt nan Diaspora
      Babilòn nan . Li blije ap sèvi ak kaka bèt pou fè
      dife pou kwit manje'l. Li te santi'l imilye

9. Ki degre pou'w rive pou'w grandi nan favè ak nan
   konesans Senyè a ? Fòk ou genyen imilite ak
   obeyisans nèt ale

113

Leson 11
Dakò pou w bay Bondye sa ki koute'w

Vèsè pou prepare leson an : Jen. 12 :1-3 ; 21 :1-5 ; 16 :1-4 ; 22 :9-13 ; Mat.22 :32

Vèsè pou li nan klas la : Jen. 22 : 1-8

Vèsè pou resite : Mwen sèmante sou tèt mwen. Se mwen menm Seyè a ki di sa. Mwen gen pou m' beni ou anpil poutèt sa ou fè a. Ou pa t' refize ban mwen pitit ou a, sèl pitit gason ou genyen an. Mwen pwomèt pou m' ba ou anpil pitit pitit.. Jen.22 :16-17a

Fason pou fè leson an : Diskou, konparezon, kesyon

Bi leson an : Fè tout moun konprann si Bondye bay nou sa nou pa kap peye pou li, nou dwe dakò tou pou nou bay Li sa ki chè nou posede.

Pou komanse
Lè Letènèl vle sonde fwa nou, li mete nou devan yon seri sitiasyon difisil pou oblije nou konte sou li menm sèl. Se la nou komanse grandi.

I. Ki sa'l te fè ak Abraram ?
1. Li mande'l pou'l sakrifye Izarak, pitit pwomès la. Li pa mande'l Izmayèl ki premye pitit li, paske ti gason sa li te fèt dapre volonte Abraram. Jen.16 :1-4

II. Ki sa Abraram dwe sonje ?
1. Li dwe sonje ke Letènèl te mande'l pou'l kite tout bagay dèyè pou'l swiv li, ke li te pwomèt li anpil pitit a pitit. Jen.12 : 1-3
2. Se jou ki fè'l santan e Rebeka katrevendizan, ke Izarak te fèt. Jen.21 :1-5

3. Li dwe sonje Bondye te pwomèt pou fè'l vinn yon gran nasyon. Jen.12 :2
4. Se menm Bondye sa ki reklamen pitit sa pou'l sakrifye'l. Eske 'l ka di Bondye non? Non. Abraram obéyi san grate tèt. Depi lè saa, Bondye fè'l konpliman. Li di'l "Mwen wè ou se yon nonm ki gen fwa nan Bondye. La menm tou, Bondye fè yon jan pou sove Izarak. Jen.22 : 9-13

III. Ki jan Bondye beni Abraram

1. Li fè'l pote non'l : Li di «Mwen se Bondye Abraram, Izarak ak Jakòb. Sa vle di:
Mwen se Bondye ki kenbe pwomès li, Bondye de ti mouton ki pou sakrifye a, Bondye ki sove moun yo ki gen la fwa. Mat.22 : 32
2. Abraram te gen tan asiste maryaj Izarak men li pat gen tan konnen pitit misye. Men nou konnen ke li genyen nasyon Arab la de Izmayèl e li genyen nasyon jwif la de Izrayèl . Se nan de piti Abraram sa yo nou genyen pèp nan Loryan ak ekstrèm Loryan

Pou fini

Bondye fè Abraram gran tout bon. Eske 'w anvye sò'l ? Bat pou'w gen la fwa tankou 'l.

Kesyon

1. Ki sa Bondye te fè pou'l sonde fwa Abraram ?
   Li mete'l nan yon sityasyon difisil pou oblije'l konte
   sou Bondye sèl

2. Ki sa l te mande'l ?
   Pou'l sakrifye yon sèl pitit li a, Izarak

3. Ki sak fè Abraram pat pè asèpte fè sa?
   Li kwè ke menm Bondye ki te bay pitit la, lè'l pat
   espere a, ka fè menm mirak la ankò pou li.

4. Ki sa Abraram te fè ?
   Li obeyi Bondye san grate tèt

5. Ki jan Bondye rekonpanse'l ?
   a. Li sove Izarak anba lanmò.
   b. Li rele tèt li Bondye Abraram , Izarak ak Jakòb.
   c. Abraram gen tan asiste maryaj Izarak.
   d. Pèp jwif la fèt.

Leson 12
Dakò pou'w pa bay tèt ou twòp valè

Vèsè pou prepare leson an : Egz. 3 :9-10 ; 7 :7 ;
18 :3-4 ; No.12 :6-8 ; De.34 ;10-12 ; Tra.7 :22 ;
2Ko.11 : 23-26 ; Fil.3 :5-8 ; Ebre.11 :24-27 ;
Vèsè pou li nan klas la : Ga.2 :20-21
Vèsè pou resite : Se sak fè, se pa mwen k'ap viv ankò,
se Kris la k'ap viv nan mwen. Ga. 2 :20a
Fason pou fè leson an : Diskou, konparezon, kesyon
Bi leson an : Montre ki jan pou nou pa fè regadan ak
Senyè a, se dekwa pou nou ka grandi nan favè ak
konesans li.

Pou komanse
Gen yon seri de moun nan Bib la, nap mande si se
moun yo te ye vre, kant nou gade sa yo reyalize ak
Bondye. Se sa ki bay Bondye tout valè li ki oblije nou
kwè nan mirak. Nap pran de nan yo : Moyiz ak apòt
Pòl.

I. Ki moun Moyiz te ye?
   1. Li te yon ti jwif. Se larenn Achepsout, madanm
      farawon Toutmès 2 ki te elve'l. Ebre.11 :24
   2. Tout sa yon Ejipsyen te konnen nan astroloji, nan
      majik ak matematik, Moyiz te konnen tout.
      Tra.7 :22
   3. Men Moyiz te refize avantaj nan vi Lejip pou li
      swiv Letènèl pito. Ebre. 11 :25-27
      a. Bondye pran karantan pou drese Moyiz nan
          jan'l ta vle a. Egz.7 :7 ; No.12 : 6 -8
      b. Li anplwaye'l pou'l libére Izrayèl anba men
          farawon. Egz 3 : 9-10

4. Lè Moyiz mouri, li pa kite byen pou de pitit li yo Gechon ak Elyezè. Egz.18 :3-4
Poutan yo rapòte ke pat genyen moun tankou'l ke Bondye te anplwaye pou fè gwo mirak nan peyi Lejip. De. 34 :10-12

II. Nap pran yon lòt : Se apòt Pòl

1. Li te yon farizyen, moun ogèye, mechan, rodomon. Li pat vle wè Levanjil. Fil.3 : 5-6
Men lè li vinn konvèti, Bondye kite yo imilye'l, yo bat li, li boule prizon, yo bandonen'l jouk Lanperè Newon touye'l nan lane 67 akòz non Jezikri. 2Ko. 11 : 23-26

2. Sèlman li kite très liv ki yon gwo eritaj pou Legliz yo ak pastè yo. Se nan yo nou gen plis detay sou Sali a, sou padon, sou revelasyon Bondye e sou pisans Sentèspri a.

3. Tout sa rive paske li te konsanti pou'l pat bay tèt li twòp valè pou'l te swiv Jezikri. Fil.3 : 8

Pou fini

Map mande w jodia, si toufwa ou ta kite latè kounyeya, ki sa wap kite pou peyi w ak Legliz ou ?

Kesyon

1. Ki moun Moyiz te ye?
   Li te yon ti jwif, larenn Achepsout, madanm
   farawon Toutmès 2 te elve'l.

2. Ki sa Moyiz te konnen nan lekòl ?
   Tout sa yon Ejipsyen te konnen nan astroloji,
   nan majik ak matematik, Moyiz te konnen tout

3. Konbyen tan Letènèl te pran pou'l refè'l ?
   Karantan

4. Ki jan li te fini vi'l ?
   Pat janmen gen moun sou latè beni Bondye te
   sèvi avè'l konsa.

5. Ki moun Pòl te ye ?
   Li te yon farizyen, moun ogèye, mechan,
   rodomon. Li pat vle wè Levanjil.

6. Ki sa Bondye te fè pou drese'l .
   a. Lè li vinn konvèti, yo imilye'l, yo bat li, li
      boule prizon, yo bandonen'l jouk Lanperè
      Newon touye'l nan lane 67 akòz non Jezikri
   b. Bondye te chita andedan vi'l pou dirije'l

Lis vèsè yo

1. Se yon sèl bagay mwen bezwen: se konnen pou m' konnen Kris la, pou m' santi nan mwen pouvwa ki te fè l' leve soti vivan nan lanmò a. Fil.3 :10a

2. Se sak fè tou mwen kontan anpil lè m' santi m' fèb, lè y'ap joure m', lè m' nan lafliksyon, lè m' anba pèseksyon, lè m' nan fikilte, lè m'ap sibi tou sa akòz Kris la. Paske lè m' fèb, se lè sa a mwen gen fòs. 2Ko.12 :10

3. Ala bon sa bon pou moun ki pran ka pòv yo! Seyè a va delivre l' lè la nan tray.. Sòm.41 :1

4. Lè sa a, Samyèl di Izayi ankò: -Se tout pitit gason ou yo sa? Ou pa gen lòt? Izayi reponn: -Wi, mwen gen yon ti dènye. Men, l' al mennen mouton m' yo al nan manje. Samyèl di li: -Voye chache l', paske nou p'ap konmanse sèvis la tout tan li pa vini. 1Sam.16 :11

5. Paske nan batay n'ap mennen kont peche a, nou poko goumen jan nou ta dwe jouk pou nou ta mouri.Ebre.12 :4

6. Nou p'ap bezwen nan goumen menm. N'ap annik pran pozisyon nou. Apre sa, tann. N'ap wè Seyè a ap ban nou gany. 2Istoua20 :17a

7. Lè n'ap pale yonn ak lòt, sèvi ak pawòl ki nan sòm yo, nan kantik yo, ak nan chante Lespri Bondye a

moutre nou. Chante kantik ak sòm pou Seyè a lè
n'ap fè lwanj li ak tout kè nou. Ef.5 :19

8. Se poutèt sa, depi koulye a, pran tout zam Bondye
bay yo. Konsa, lè move jou a va rive, n'a ka kenbe
tèt ak lènmi an. Lè batay la va fini nèt, n'a kanpe la
byen fèm nan pozisyon nou toujou.. Ef.6 :13

9. Tout tantasyon nou jwenn sou chemen nou, se
menm kalite tantasyon tout moun jwenn sou
chemen yo tou. Men, Bondye li menm toujou
kenbe pawòl li: li p'ap kite yo tante nou yon jan ki
depase sa nou ka sipòte. Men, lè nou va anba
tantasyon an, la ban nou fòs pou nou ka sipòte l',
pou nou ka soti anba li.. 1Ko.10 :13

10. M'ap mare ou byen mare, konsa ou p'ap ka vire
chanje bò toutotan tout jou pou yo sènen lavil la
poko fin pase. Ez.4 : 8

11. Mwen sèmante sou tèt mwen. Se mwen menm
Seyè a ki di sa. Mwen gen pou m' beni ou anpil
poutèt sa ou fè a. Ou pa t' refize ban mwen pitit
ou a, sèl pitit gason ou genyen an. Mwen pwomèt
pou m' ba ou anpil pitit pitit. Jen.22 :16-17a

12. Se sak fè, se pa mwen k'ap viv ankò, se Kris la k'ap viv
nan mwen.Ga. 2 :20a

DIFE KAP BRIYE A

DIFE 19-Seri 4

Letènèl, se Bondye Jenn Moun yo

Avangou

Lè David pran sonje ki jan li te dezòd, konsyans li te trouble. Li kouri mande Bondye padon e li mande'l pou pase plim sou tout gagòt li te fè, lè'l te jenn gason. Sòm.25 :7

M pa bezwen di'w si pitit li Salomon te fè kont gagòt li tou. Se sa ki fè li kite yon mesaj pou jenn yo, e map kase moso ladan pou nou:

« Pandan ou jenn gason an, pa janm bliye Bondye ki te kreye ou la, anvan jou malè yo rive sou ou, anvan lè a rive pou ou di: Mwen pa jwenn ankenn plezi nan lavi. Lè sa a, limyè solèy la, lalin lan ak zetwal yo ap parèt twoub twoub devan je ou. Syèl la pa janm klè. Lapli poko fin tonbe, tan an gen tan mare ankò.

Lè sa a, bra ou yo ki te konn pwoteje ou ap tranble. Janm ou yo ki enganm koulye a ap febli. Ou p'ap gen dan pou kraze manje. Je ou yo ap twò fèb pou wè klè. Apre tout pawòl sa yo, se yon sèl bagay pou m' di nan sa: Gen krentif pou Bondye. Fè tou sa li mande ou fè yo. Se pou sa ase Bondye te kreye moun. Paske Bondye ap jije tou sa n'ap fè, kit yo bon, kit yo pa bon, ata bagay nou fè an kachèt. ». Ekl. 12 : 1-3, 14-16

Renaut Pierre-Louis

Leson 1
Letènèl zanmi yon jenn gason disetan

Vèsè pou prepare leson an : Jen. 15 :13 ; 35 :19 ; 37 : 5-11, 28-36 ; 39 :1-23 ;45 :5 ; 48 :1 ; Egz.12 :40 ; Nonb.13 :8 ; Joz.1 :1-2

Vèsè pou li nan klas la : Jen.45 :1-8

Vèsè pou resite : Bondye te voye m' vini devan pou ras nou an pa t' fini nan peyi a, pou m' te ka sove lavi nou, pou nou pa mouri. Jen.45 :7

Fason pou fè leson an : Diskou, konparezon, kesyon

Bi leson an : Montre koman Bondye ka mete yon ti moun sou tèt ni zanmi'l, ni lènmi'l, jistan li sèvi yo san rankin.

Pou komanse
Pa gen anyen ki di, paske yon moun premye pitit nan fanmiy nan, se li ki pral premye tou nan sosyete a. Se Bondye sèl ki konnen koze konsa. Nou wè sa nan Jozèf yonn nan pitit Jakòb yo. Pouki sa Bondye te mete'l apa nan pitit Jakòb yo?

I. Se paske Bondye granmoun, Li fè sa'l pito
Li konn davans destine tout moun. Se konsa tou li pwogramen vi Jozèf. An nou gade sa'l fè :
1. Jakòb te gen 12 gason. Jozèf te avandènye. Li te pèdi manman'l byen bonè. Jen. 35 :19
2. Ki sa ki te pase nan vi'l :
   a. Frè li yo te genyen'l jalouzi paske papaa te gate'l anpil. Jen.37 :8
   b. Yo vann li tankou esklav ak etranje. Jen.37 :28

c. Menm kote yo vann li an, madanm mèt kay la akize'l. Li di Jozèf ta'l chèche'l pou fanm. Jen.39 : 17-19

d. Mèt kay la pa touye'l, men li lage'l nan prizon pou anpil lanne. Jen. 39 : 20

3. Ki sa ki te pase nan kè Jozèf ?
Ebyen, plis li te soufri, plis li te vinn pi fò nan vi èspirityèl li. Jen. 37 : 6-7, 9-11

4. Alafen : Jozèf te vinn
a. Premye minis Farawon nan peyi Lejip. Jen.41 : 40-41
b. Li bay rezidans a tout frè li yo ki te rayi'l. Jen.45 :5

II. Se nan chemen sa Bondye te vle pase pou'l akonpli pwomès li a Abraram

1. Li te di Abraram ke pitit li yo gen pou yo posede Kanaran, men avan sa, fòk yo pase 430 lane nan yon peyi etranje. Jen.15 :13 ; Egz.12 :40

2. Se Jakòb, pitit pitit Abraram, se li ki fè Jozèf. Jozèf menm te gen de (2) pitit. Premye a te rele Manase, dezyèm nan te rele Efrayim. Se nan Efrayim sa Jozye, pitit Nonn nan te soti. Jen.48 :1
Se li menm ki antre pèp Izrayèl la nan Kanaran an. Nonb.13 : 8 ; Joz.1 :1-2
Vle pa vle, se ras a Jozèf ki fè'l. Jen.37 :5-10

Pou fini

Jozèf se yon potre JeziKri. Bondye te chwazi'l pou sove frè li yo. Ou menm Bondye chwazi, bay frè w yo rezidans, menm si yo pa ta renmen 'w.

Kesyon

1. Konbyen pitit gason Jakòb te genyen? Douz

2. Ki lès ki te avan dènye ? Jozèf

3. Ki sa nou te kap remake nan vi'l ?
   a. Li te pèdi manman' l byen bonè.
   b. Frè'l yo te sitan rayi'l ke yo vann li pou'l fè èsklav kay moun.
   c. Madanm mèt kay la, akize'l. Li di misye te vle mete men sou li

4. Ki jan Bondye te defann li ?
   a. Soufrans fè'l vinn pi fò nan vi èspirityèl li.
   b. Alafen : Jozèf te vinn Premye minis Farawon nan peyi Lejip.
   c. Li bay rezidans a tout frè li yo ki te rayi'l la.

5. Pouki sa Bondye te pèmèt sa ?
   Se pa chemen sa li te vle pase pou'l akonpli pwomès li a Abraram

6. Bay nou eksplikasyon sou sa
   a. Bondye te pwomèt peyi Kanaran a pitit Abraram yo.
   b. Jozèf, pitit Jakòb se te zansèt Jozye ki antre pèp 'Izrayèl la nan peyi Kanaran an.

7. Ki moun Jozèf sanble ak li nan pwofesi yo ?
   JeziKri.

Leson 2
Bondye pwoteje ti moun anba ventan

Vèsè pou prepare leson an : No. 13 : 1-2, 26-33 ;14 : 1-38
Vèsè pou li nan klas la : No.14 :1-10,29-30
Vèsè pou resite : Y'ap antere kadav nou tout nan dezè a. Nou tout ki t'ap bougonnen sou mwen yo, nou tout yo te konte lè resansman an, nou tout ki gen ventan ak sa ki pi gran yo, nou yonn p'ap antre nan peyi a. No.14 :29
Fason pou fè leson an : Diskou, konparezon, kesyon
Bi leson an : Montre koman Bondye gen yon fèb pou ti jènn yo

Pou komanse
Ala yon Bondye ki gen mizèrikòd ! Ala yon bon papa ! Jan nou konnen Bondye rèd anpil ! Poutan, li padonen frivolite jènn yo ki te nan Dezè a nan tan Moyiz la.
Ki sa ti moun sa yo te konnen ?

I. Yo te konnen moun ki tap fè manifèstasyon kont Moyiz
1. Yo te la lè Moyiz tap chwazi èspyon yo pou'l voye yo envèstige nan peyi Kanaran an. No.13 : 1-2
   a. Yo tap koute rapò èspyon yo lè yo te retounen soti Kanaran. No.13 : 26
   b. Yo tap koute tout komantè yo ak tout desizyon yo pou revoke Moyiz pou yo kap retounen an Ejip, poutèt yo te pè gwo jeyan, pitit Anak yo te wè nan peyi a. No13 : 32-33 ; 14 :4

c. Ou pa bezwen mande si yo te patisipe tou nan manifèstayon moun sa yo ki te kont Moyiz la. No.14 : 1-4

2. **Sèlman yo tap tande sa Jozye ak Kalèb ki patizan Moyiz yo ta'p di.** De (2) moun sa yo te dakò pou ankouraje pèp la antre nan peyi Kanaran an paske Bondye ak yo. No.14 :6-9

 a. Kan rebèl yo di ke yo pral kalonnen Moyiz ak kout wòch, ti mesye yo te kap byen dakò . No.14 : 4

3. **An nou tande sa Letènèl di nan koze saa**

 a. Letènèl fache, li pwononse yon jijman kont rebèl yo. No.14 :12

 b. Ti jenn yo tap koute tou ki jan Moyiz tap plede pou pèp la devan Bondye. No.14 : 15-19

 c. Men yo rale yon gwo souf kan yo tande Bondye di li fè gras a ti moun Izrayèl **yo ki poko gen ventan** No.14 :29-35

 Li di : 'Pou yo menm, yo ap gen dwa antre nan peyi Pwomès la.

II. Pouki sa Letènèl fè yo gras ?

 1. Se paske jènn yo frivòl. Yo poko gen bon konprann. Yo sou san yo pa bwè.

 2. Paran yo ki chef dezòd yo, kap plede fè Bondye pale a, se yo sèl lap pini. No. 14 :22-23

Pou fini

Mwen ta mande nou, kant nou gen mezantant ak lòt moun, tanpri souple, pa kite pitit nou mele ladan. Demen se yo ki kap peye konsekans yo si Bondye pa foure bouch nan sa.

Kesyon

1. Ki sa ti jènn yo te konnen de moun yo ki tap fè grèv nan Dezè Sinayi a ?
   a. Yo te konnen ke Moyiz te voye 12 èspyon pou envestige sou peyi Kanaran an
   b. Espyon sa yo pat dakò yonn ak lòt sou rapò yo te bay la.
   c. Ti moun yo te kap fasilman mete yo ansanm ak moun kap fè manifèstasyon yo.

2. Ki sa yo te tande ke Letènèl te deside ?
   a. Lap estèminen tout nan Dezè a
   b. Li padonen sèlman ti moun ki pa depase ventan. Se yo sèl kap antre nan peyi Kanaran an.

3. Pouki ezon Letènèl te fè sa ?
   Bondye fèmen zye'l sou ti jènn yo paske yo frivòl.

4. Ki sa nou ta konseye paran yo ?
   Pou yo pa mele pitit yo nan mezantant yo gen ak lòt moun

5. Pouki sa ? Paske yo ka viktim pou peye konsekans yo si Bondye pa di yon mo nan sa.

Leson 3
Pasyans Letènèl ak ti jennjan yo

Vèsè pou prepare leson an : Jg. 6 :1-24 ; 8 :10
Vèsè pou li nan klas la : Jg.6 :12-21
Vèsè pou resite : Tanpri, pa deplase kote ou ye a jouk m'a pote yon ofrann mete nan pye ou. Li reponn: -M'ap rete la tann ou. Jij.6 :18
Fason pou fè leson an : Diskou, konparezon, kesyon
Bi leson an : Montre ki jan Bondye pran pasyans ak jenn yo

Pou komanse
Ki moun ki tap janm kwè ke Bondye kite syèl la, jis pou'l vinn manje ak yon ti jenn jan? Ebyen, an nou louvri Bib la ki pral rakonte nou istwa ti Jedeyon.

I. Ki ti moun sa?
1. Li te yon jenn gason nan tribi Manassé
2. Li te renmen peyi'l e li te gen krentif pou Letènèl.
3. Sa te fè'l mal anpil paske Madianit yo te fè yo èsklav. Jg.6 :11-15

II. Ki èsperyans èspirityèl li te fè ?
1. Pandan li tap ranmase rekòt jaden li avan moun peyi Madyan vin pou fè piyay, gwo lajounen, li wè Anj Letènèl la. Li rele'l e li di'l : « Bonjou vanyan sòlda ! Senyè a avè'w » Jg.6 :12
2. Li gentan fè zanmi ak Zanj la jouk li ofri'l manje. Anj la asèpte rete tann manje a kwit. Jg.6 :18
   a. Jedeyon kwit yon ti kabrit, li fè ji e li mete pen pou Zanj la. Jg.6 :19

b. Malgré tout tan Jedeyon pran pou kwit ti
   kabrit la, zanj la rete chita tann li. Kan'l finn
   manje, li disparèt. Jg.6 : 20-21
3. Jedeyon te resevwa Mèt planèt la san'l pat
   konnen ! Jg.6 :22-23

III. Ki jan Zanj la te rekonpanse Jedeyon ?
1. Anj la mete'l chèf yon lame ki te genyen 300
   solda ladan. Jg.6 :14 ; 7 :7
2. Ak 300 sòlda sa yo, li delivre Izrayèl. Lè saa, li
   te touye sanven mil madyanit. Jg.8 :10

IV. Ki leson nou tire nan sa ?
1. Bondye ka rele nenpòt ki jènn. Li sèlman
   bezwen'l gen obeysans. Nou wè Jedeyon te bâti
   yon otèl pou Letènèl . Li sakrifye 2 toro sou li.
   Se te yon sin y ki montre ke li konsakre vi'l a
   Letènèl. Jg.6 :22-26
2. Se te yon gwo bagay moun pat janmen wè, kant
   yon ti jenn te kapab resevwa yon vizitè ki soti
   nan syèl la. Jg.6 :21
3. Bondye gen pasyans pou'l rete tann ou jouk ou
   fini ak lekòl , jiskaske w marye ou byen jiskaske
   w jwen travay pou w ka beni'l e sèvi'l. Jg.6 :18

Pou fini
Jenn , map priye pou Senyè a ka jwen ou okipe ap fè
yon travay nan Legliz ou byen nan fanmiy ou jouk li
desann vinn jwen ou pou'l manje ak ou.

131

Kesyon

1. Ki te pi gran privilèj pou Jedeyon ?
   a. Anj Ltenèl la kite syèl la pou vinn pale ak li.
   b. Li te sèvi Anj la yon bon dinen.

2. Ki ti moun Jedeyon te ye ?
   a. Li te yon jenn gason nan tribi Manassé
   b. Li te renmen peyi'l e li te gen krentif pou Letènèl.
   c. Li te soufri paske Madianit yo te fè yo èsklav.

3. Ki èsperyans èspirityèl li te fè ?
   a. Anj Letènèl la konplimente'l tankou yon ero.
   b. Li asèpte manje nan men Jedeyon.
   c. Li asèpte rete tann manje a ak anpil pasyans.

4. Ki sa Anj la fè pou li ?
   a. Li mete'l chef sou 300 solda.
   b. Jedeyon te gen dwa libere pèp li.

5. Ki sa nou wè nan sa ?
   a. Bondye ka rele nenpòt ki jènn. Li sèlman bezwen gen obeysans.
   b. Jenn ti Jedeyon resevwa yon vizitè ki soti nan syèl la.
   c. Bondye gen pasyans pou'l rete tann manje a kwit.

Leson 4
Sèt très cheve Samson yo

Vèsè pou prepare leson an : Jg.13 : 1-7 ; 14 : 3, 16-17 ; 16 : 4-11 ; 16 : 16-20 ; Ph.4 :8 ;1Pyè.2 :11 ;
Vèsè pou li nan klas la : Jg.16 :15-21
Vèsè pou resite : Msye leve, li t'ap di nan kè l' l'ap soti anba kòd yo, l'ap met deyò tankou lòt fwa yo. Men, li pa t' konnen Seyè a pa t' avè l' ankò. Jg.16 :20b
Fason pou fè leson an : Diskou, konparezon, Kesyon
Bi leson an : Montre ki jan nou rann Satan sèvis lè nou frivòl nan desizyon nou.

Pou komanse
Ki moun ki ta'p janmen kwè Bondye mete tout sekrè fòs yon jennonm nan set très cheve ki nan tèt li ? Ebyen, parèt non Samson pou tout moun wè w!

I. Men li :
Gade byen pou nou wè : Razwa pa la pou pase nan tèt li. Se te yon sin konsekrasyon'l e sekrè fòs Letènèl mete nan li pou libere Izrayèl anba ponyèt Filisten yo. Jg. 13 :5
Ki sa sèt très cheve yo te reprezante ?
1. **Premye très cheve a se : Sanfwa**
   Nou dwe kenbe tèt ak tout egzijans lachè-a kap goumen kont nanm nou.1Pyè.2 :11
2. **Dezyèm très la se : Karaktè w**
   Si ou pèdi karaktè'w, ou tankou yon prizonye, ou pèdi libète w. Fil.4 : 8
3. **Twazyèm très la se : Aprann gade sekrè**
   a. Sa se yon bèl très. Malerèzman, Samson kache sekrè'l a paran'l yo, e li di yon fanm tout gwo koze'l. Jg 14 :16-17

b. Pita se yon fanm ki rele Delila ki livre'l a lènmi'l yo. Jg. 16 :16-19
4. **Katriyèm très la se : Repitasyon**
Se yon très ki pou rete sou tèt ou depi ou fèt jouk ou mouri. Jg 16 : 1, 4
Samson bite nan sans sa a ak yon fanm payen. Jg.14 :3
   a. Ak yon fanm nan monn nan. Jg. 16 : 1
   b. Ak yon fanm yo rele Delila ki trayi'l . Jg. 16:4
   Yo tout se te lènmi pèp Izrayèl.
5. **Senkyèm très la se : Edikasyon moun ki nan Bondye.**
Samson te kap kenbe pou bon toutotan li te rete konsakre a Letènèl, ki sous fòs li. Jg. 13 :5
6. **Sizyèm très la se : Enstriksyon**
Menm si w gen gwo ran nan sosyete a, ou fèt pou'w gen sajès. Edikasyon dwe mache ak enstriksyon
7. **Setyèm très la se : Krentif pou Bondye**
   a. Très sa ta dwe dominen vi tout jenn yo.
   b. Samson pèdi tout sèt très sa yo paske li te fè tèt li konfyans san Bondye ladann. Jg.16 : 19-20

Pou fini
Pa vann Satan anyen kredi pou'w pa gen anyen w pèdi. Pran fòs ou nan san Jezi; konsa Delila, ki yon manedjè Satan, pap janm kapab fè w fè tenten.

Kesyon

1. Ki kote fòs Samson te soti? Nan sèt très cheve li te genyen nan tèt li.

2. Ki lòd Letènèl te pase'l sou zafè très cheve sa yo? Li pa dwe janmen pase razwa sou tèt li.

3. Kote chit Samson soti?
   a. Li bay lènmi an sekrè'l.
   b. Li te fè tèt li twòp konfyans.

4. Ki sa sèt très yo te reprezante ?
   Sanfwa, Karaktè. Kenbe sekrè, Repitasyon, Edikasyon moun Legliz, Sajès ak Krentif pou Bondye.

5. Vre ou fo
   a. Si yon moun vle gen fòs, se pou'l kite cheve 'l vin long. __V __ F
   b. Si yon moun ta gen dis très cheve, li tap gen plis fòs pase Samson __V__F
   c. Samson te mete bon lwil ak bon pafen nan tèt li, se sa ki fè'l te gen fòs. __ V __ F
   d. Valè a sèt très cheve yo te soti nan lobeyisans a volonté Bondye. __ V __ F
   e. Depi yon moun ou banke ak moun enkonvèti, ou gen pou'w fini mal. __V __ F

Leson 5
Promosyon yon ti jenn jan ki gen mwens ke ventan.

Vèsè pou prepare leson an. 1Sam. 9 : 1-27 ; 10 :1-16
Vèsè pou prepare leson an : 1Sam.9 :1-27 ; 10 :1-16 ;
Vèsè pou li nan klas la : 1Sam.9 :17-27
Vèsè pou resite : Samyèl pran yon ti poban lwil oliv, li vide l' sou tèt Sayil. Apre sa, li bo l', epi li di l': -Seyè a ba ou pouvwa pou gouvènen pèp Izrayèl la ki rele l' pa l'. W'a gouvènen pèp li a, w'a delivre yo anba men tout lènmi ki bò kote l' yo. Men sa k'ap fè ou wè se Seyè a menm ki mete ou apa pou gouvènen pèp ki pou li a? 1Sam.10 :1
Fason pou fè leson an : Diskou, konparezon, kesyon
Bi leson an: Montre ke lobeyisans se mach èskalye pou mennen nan laglwa.

Pou komanse
Lè yon ti moun obeyi paran'l, gen gwo sipriz kap tann li nan lavi. Sayil pat janmen kwè ke se li ki ta vinn premye wa nan peyi Izrayèl. Poutan li te fè kòl piti jouk yon jou li monte sou twon nan.

I. Ki sa ki te prèv soumisyon'l ?
1. Kis Papa Sayil, voye Sayil al fè savann pou'l kenbe kèk fenmèl bourik li ki pèdi nan raje a. 1Sam.9 :1-3
2. Apre twa jou ap fè kòve, li pa jwenn menm yon bourik. Gen yon lide ki di'l pou'l al jwen pwofèt Samyèl. Yon pwofèt se te yon vwayan, sa vle di li gen pouvwa Bondye pou'l konnen kote pou Sayil jwen bourik yo. 1Sam.9 :6-9

3. Menm kote a, li bay pwofèt la ofrann li. Sa se yon
bèl jès, pou nou menm jenn aprann fè.
1Sam.9 :7-8
Men, Letènèl tap swiv tout sa Sayil tap fè. Se li,
Letènèl ki rele pwofèt la pou di'l ki sa ki pral pase
nan vi Sayil. 1Sam.9 : 15-17, 19

II. Ki sa pwofèt la te gen pou di'l?
1. Si Sayil pa jwen bourik yo, Bondye li menm, li
jwen yon wa. 1Sam.9 :20
2. Pwofèt la envite Sayil pou manje avè'l e li mete'l
chita nan plas rezève sou tab la pami tout envite
yo. 1 Sam.9 : 22
3. Yo mete nan asyèt li pi bon moso nan ti bèf
graa, men li pat konprann pouki.1Sam.9 :23-24
4. Apre sa, pwofèt la envite'l monte sou teras kay
la pou'l di'l koze ansekrè. Ki pi gwo privilèj
pase sa! 1Sam.9 : 25
« Men Sayil ki pra'l vin premye wa nan peyi
Izrayèl ! ». 1Sam.10 :1
5. Avan li gen tan retounen kay li, li resevwa
enstriksyon nan men pwofèt la pou'l konnen ki
sa yon wa ye. Li koute tout sa pwofèt la di'l.
1Sam.10 :2-5
6. Depi lè saa, kè'l chanje. Se sèlman kouwòn nan
lap tann. 1Sam.10 :9

Pou fini
Gade ki kote lobeyisans yon ti moun mennen'l. Eske
ou ta vle imite Sayil nan pwen saa ? Ebyen, aprann
obeyi paran w nan tout bagay.

137

Kesyon

1. Prouve ke Sayil te soumi a papa'l.
   Li te asèpe al fè savann pou jwen kèk fenmèl bourik papa'l ki pèdi.
2. Ki sa'l te fè pou'l jwen bourik yo ?
   Li te ale kote pwofèt Samyèl.

3. Ki ti non gate pwofèt la te genyen? Vwayan

4. Ki sa ki bon Sayil te jwen nan visit a pwofèt la?
   a. Bondye chwazi'l pou premye wa nan peyi Izrayèl
   b. Samyèl te envite'l nan yon gran dinen.
   c. Li konsakre'l premye wa nan peyi Izrayèl.
   d. Li bay li tout enstriksyon sou sa.

5. Vre ou fo
   a. Ti moun yo dwe resevwa yon rekonpans pou chak sèvis yo rann paran yo. __V__F
   b. Ti moun yo dwe obeyi paran yo san tann yon rekonpans pou sa. __ V __ F
   c. Ti moun yo dwe fè yon lis tout sèvis yon rann paran yo pou yo touche._ V _ F
   d. Bondye konnen ki jan pou'l rekonpanse yon ti moun ki obeyisan. __ V __ F

Leson 6
Odas yon ti nonm fronte

Vèsè pou prepare leson an : 1S.13 : 15-23 ; 14 :1-27, 43-45

Vèsè pou li nan klas la : 1S.14 :1-10

Vèsè pou resite : Ou pa janm konnen, Seyè a ka ede nou. Paske pa gen anyen ki ka anpeche l' fè nou genyen, nou te mèt anpil, nou te mèt pa anpil 1Sam.14 :6b

Fason pou fè leson an : Diskou, konparezon, kesyon

Bi leson an : Montre gen ka ki rive kote w oblije obeyi Bondye avan w obeyi paran

Pou komanse

Jonatan, pitit Sayil mete tout kouraj li deyò kant li pral atake yon lènmi. Men, foli lajenès la tèlman cho nan kò'l, ke li pral pran yon desizyon tèt chaje. Ki sak te pase?

I. Izrayèl te èsklav anba men filisten yo

1. Depi Izrayèl ta vle fòje yon za'm, Filisten yo bay yo baryè. 1Sam.13 :19
2. Pou farouche yo, Filisten yo monte yon pòs nan wout Mikmasch pou bloke yo. 1Sam.13 :23

II. Lè saa Jonatan vini ak yon plan nan tèt li

1. Li pa vle Filisten yo bloke lame Izrayèl la.
   a. Nan moman saa, li pa di yon mo a papa'l ni a sakrifikatè a. 1Sam. 14 : 1-3
   b. Li kwè ke menm si yo pa anpil, Letènèl kap bay yo delivrans kan menm. 1Sam.14 : 6
   c. Li kwè, piske se yon batay konn moun ki pa sikonsi yo, li pa gen dwa pèdi batay la.

Li sèlman ap tann yon sin nan men Letènèl pou'l atake. 1Sam.14: 6, 9-10

2. Konsa, men ti nonm fouge saa ki pa pè ale jis nan kan filisten yo. 1Sam.14 :6

III. An nou wè dènye aksyon Jonathan

1. Ak sèlman yon ti ponyen sòlda li komanse batay la. Li gen tan touye ven (20)Filisten. La menm, filisten yo pè, yo pete kouri. 1Sam.14 : 14-15

2. Santinèl Sayil yo fè kouri nouvèl la. Se lè saa Sayil remake ke Jonatan pa te la, e se li ki fè gwo koze saa. 1Sam.14 : 17

3. La menm, Sayil vin pote konkou e li bat Filisten yo rapyetè. 1Sam.14 :18-23

4. Sèlman gen yon lòd Sayil te pase Jonatan pat konnen. Li dezobeyi lòd saa san'l pat konnen. Si se pa pèp la ki kanpe pou Jonatan, Sayil tap touye'l.1Sam.14 :24-27, 43-45

Pou fini

Jenn, menm si nou gen tèt cho, Bondye renmen nou jan nou ye a e lap pwoteje nou. Sèlman bat pou nou pa fè eksè.

Kesyon

1. Ki moun Jonatan te ye ? Pitit gason Sayil.

2. Ki sa ki tap dominen lespri'l ? Li tap soufri paske
   Filisten yo tap maltrete Izrayèl

3. Ki sa li te fè san konsilte paran'l ?
   Li kase batay ak Filisten yo

4. Pouki sa l te fè sa ?
   Li te kwè Letènèl pat bezwem kantite moun pou'l
   bay li delivrans.

5. Ki lè Sayil apèsi ke Jonatan pat la ? Kan Santinèl yo
   rapote'l sa.

6. Ki sa nou kap wè nan ka saa ? Gen ka ki rive kote
   w oblije obeyi Bondye avan w obeyi paran

141

Leson 7
Yon jenn gadò mouton ki vinn wa

Vèsè pou prepare leson an : 1Sam. 16 :7 ; 17 : 28-29 ;
2S. 11:4-5; Sòm.23 :1-6 ; 25 :7 ; 34 :2 ; 51 : 6 ;121 : 1 ;
130 :3-4 ; Lik.18 :38
Vèsè pou li nan klas la : 1Sam.16 :1-13
Vèsè pou resite : Se konsa Izayi voye chache ti nonm
lan. Yo mennen l' vini. Se te yon jenn gason ak bèl ti je,
cheve l' te yon ti koulè kannèl, li te gen bèl figi. Seyè a
di Samyèl: -Men li! Kanpe non, vide lwil sou tèt
li.1Sam.16 :12
Fason pou fè leson an : Diskou, konparezon, kesyon
Bi leson an : Montre ke si yon Jenn bay vi l a Senyè
a, pa gen anyen ki pou anpeche zetwal li briye.

Pou komanse
Jennjan, an nou koute sa Eklezias di : « Fè tout sa ou
wè w kap fè ». Ou mèt di ke Salomon aprann sa de
David, papa'l. Ki jan menm David te jere jenès li?

I. An nou wè pwogram li :
1. David te yon bèje.
   a. Konsa li konnen ki jan mouton yo viv, ki jan
      pou'l pran swen yo e ki jan tou pou ' defann
      yo. 1Sam.17 :34-35
   b. Lè nou tande'l di « Letènèl se bèje mwen, » li
      konnen byen sa lap di. Sòm.23 :1
2. Li te konn jwe mizik
   Se sa li te pi renmen fè nan vi'l kòm bèje. Pita nou
   wè li fè yon chante ak tout sikonstans ki pase nan
   vi'l. Na wè sa nan swasantrèz (73) Sòm li ekri.
   Sòm.34 :2

3. Li te renmen fanm anpil
   a. Li pat kapab kontwole tèt li kant li wè yon bèl fanm, menm si fanm nan déjà marye. 2S.11 :2-5
   b. Li menm souprye Letènèl pou'l efase bagay sa yo nan dosye'l. Si se pa sa, li pap chape. Chans pou li, Bondye fè nou oblije gen krent paske li padonen fòt nou yo, men li pa vle nou pran yon abònman nan zafè peche a. Sòm. 25 : 7 ; 130 : 3-4

II. Ki jan avni David te pase ?

1. Menm si moun na fanmiy li te meprize'l, Letènèl te renmen'l pou tèt li te gen fwa nan Bondye. 1Sam.16 :7 ; 17 : 28-29
2. Li bay Bondye lwanj toutotan gen tan. Sòm.34 :2
3. Li pa janmen mande konkou lòt nasyon pou'l fè gè yo, paske li konte sou Bondye sèlman. Sòm.121 :1
4. Li dakò li fè yon fòt ; men, tout swit, li mande Bondye padon. Sòm.51 : 6
5. Ti David vin wa nan peyi a sou 12 tribi Izrayèl yo e li te devni yon zansèt Jezi-Kri.Lik. 18 : 38

Pou fini

Jis li fin vye granmoun, se sèl Bondye David te konnen. Jennjan, an nou pran egzanp sou David.

Kesyon

1. Ki sa David te ye? Yon bèje, yon mizisyen, men yon nom ki te chanèl

2. Ki eksperyans li te fè lè li tap gade mouton yo ? Li te si tèlman abitye ak mouton yo, ke li konn konpòtman yo, li konn pran swen yo e defann yo tou.

3. Ki sa li pi renmen pou distraksyon'l? Jwe mizik

4. Ki gran pwen li te genyen nan vi èspirityèl li?
   a. Li toujou rekonèt tò li pou'l konfese yo devan Bondye.
   b. Li renmen bay Letènèl lwanj .
   c. Li rele Letènèl Beje'l.

Leson 8
Yon ti moun ki vinn pwofèt

Vèsè pou prepare leson an : Je.1 : 1-19 ; 2 :1-14 ;
3 :14 ; 10 :21 ; 9 :1-5 ; 17 :5 ; 16 :1 ; 20 :1-2 ; 23 :27-29 ;
25 :11 ; 32 : 6-15 ; Ne12 :12
Vèsè pou li nan klas la : Je.1 :4-10
Vèsè pou resite : Mwen te konnen ou anvan menm
mwen te ba ou lavi nan vant manman ou. Mwen te
mete ou apa pou mwen anvan menm ou te fèt. Mwen
te chwazi ou pou ou te yon pwofèt pou nasyon yo.
Je.1 : 5
Fason pou fè leson an : Diskou, konparezon, kesyon
Bi leson an : Montre ke destine chak moun se nan men
Bondye li chita.

Pou komanse
Si nou ta vle swiv ti koze ant Bondye ak Jérémi, nou ta
wè ke papa Bondye konn jwe ak pitit li. Ki jan li pral fè
pou'l fè ti Jeremi tounen yon pwofèt, sitou nan yon
peyi kote moun pa vle santi van Letènèl. ?

I. An nou wè ki ti moun Jérémi te ye
1. Depi avan'l te fèt Bondye te *établi'l* pwofèt
   intèrnasyonal. Jer.1 : 5
2. Li mande misye pou'l pa janm marye. Jer.16 : 2
3. Se li ki pral mete pawòl nan bouch Jeremi, pou' l
   konn sa pou'l di. Jer. 1 : 6-9
4. Li mete ni moun, ni pwoblèm yo anba pye'l.
   Jer.1 :10,17-19

II. Ki jan de mesaj Jérémi dwe preche ?
1. Li blanmen Jida ki pèdi lafwa nan Bondye.

Jer.2 : 11 ; 7 :30
2. Li mande Izrayèl pou'l repanti. Jer.3 :14
3. Li blanmen konpòtman bèje yo. Jer.10 :21
4. Li mande nou pou nou pa fè pèsonn konfyans, menm si'l te zanmi nou. Jer. 9 :4-5 ; 17 : 5
5. Li dénonse pwofèt yo kap mete pawòl Bondye akote pou yo preche pèp la vizyon ki soti nan tèt yo. Je. 23 :27-29
6. Li profetize ke Jida pral depòte kòm èsklav nan peyi babilòn pou swasantdizan. Je. 25 : 11

III. Ki eprèv Jérémi te konnen pou tèt sa ?
1. Paske li te konn di la verite,
   a. Yo maltrete'l e yo mete'l nan prizon. Jer.19 :14-15 ; 20 : 1-2 ;
   b. Apre sa yo lage'l nan yon pi. Sèl pen ak dlo yo bay pou nouriti. Jer.38 :1-7
2. Bondye mande'l pou'l achte yon moso tè nan Anatòt avan li pati kite peyi a pou swasantdizan an egzil. Jer.32 : 6-15
   Bondye te prezerve Jeremi, e nou wè, apre swasantdizan, li retounen soti nan egzil ansanm ak Esdras ! Ne.12 :12

Pou fini
Jenn, ou pa janmen konnen si Bondye pa chwazi w pou yon misyon èspesyal. Laj ou pa yon èskiz. Bondye renmen jènn yo. Li renmen'w. Dakò ak sa'l di w.

Kesyon

1. Pouki sa nou di ke Letènèl renmen fè plezi ? Li pran yon ti moun pou'l fè l vinn yon pwofèt.

2. Ki jan li fè sa ?
   a. Depi avan'l te fèt Bondye te établi'l pwofèt intènasyonal. Jer.1 : 5
   b. Li mande misye pou'l pa janm marye.
   c. Se li ki pral mete pawòl nan bouch Jeremi, pou' l konn sa pou'l di.
   d. Li mete ni moun, ni pwoblèm yo anba pye'l.

3. Ki djòb li bay Jeremi ?
   a. Li la pou'l denonse Jida ki pèdi la fwa nan Bondye.
   b. Li dwe envite Izrayèl pou'l repanti.
   c. Li dwe blanmen konpòtman move bèje yo.
   d. Li mande nou pou nou pa fè menm zanmi nou konfyans.
   e. Li denonse fo pwofèt yo
   f. Li profetize kont Jida ki pral depòte kòm èsklav nan peyi Babilòn.

4. Ki jan de eprèv li te gen pou'l sibi ?
   Yo jete'l nan prizon, yo maltrete'l. Yo lage'l nan pi ak yon pen e yon godèt dlo.

5. Ki jan Bondye rekonpanse'l ?
   a. Li proteje ni li ni byen'l pandan swasantdizan li fè deyò peyi a.
   b. Li reprann tè a li te achte Anatòt la avan'l te pati.

6. Ki mesaj Jérémi kite pou nou ?
   Pa gen moun ki twò jenn pou sèvi Bondye.

Leson 9
Jan, yon disip ke Jezi te renmen

Vèsè pou prepare leson an: Mat. 17:1; 26:56; Lik. 9: 52-56; Jan. 13:25; 14 :6 ; 19 : 25-27 ; 20 : Tra.8 :14-17 ; Rev.22 :7-8

Vèsè pou li nan klas la : 2Jan.1-6

Vèsè pou resite : Pa gen anyen ki pou fè m' pi kontan pase lè m' tande pitit mwen yo ap viv dakò ak verite.3Jan.4

Fason pou fè leson an : Diskou, konparezon, kesyon

Bi leson an : Nou vle fè yon bon rale sou yon kretyen sensè nan relasyon'l ak Bondye.

Pou komanse
Eske nou dwe jalou paske Jan te yon disip ke Jezi te renmen ? Pouki se pat Pyè ou byen yon lòt nan disip yo ?

I. Se paske Jan te sensè
1. Nan lèt yo li ekri, venn nèf (29) fwa li di Jezi se **La Vérité**, sa vle di plis pase sa tout disip yo mete ansanm te di. Jan.14 :6
2. Tout lòt disip yo te kouri. Li sèl ki te rete jouk sa fini ak Jezi devan tribinal la. Mat. 26 :56
3. Avan Jezi te mouri, li wè se sèl Jan li te kap bay reskonsab manman'l. Jan.19 : 25-27
4. Lè yo di'l Jezi leve pami mò yo, li te kouri al nan tonbo a pou'l wè ak de grenn zye'l. Jan.20 : 4

II. Se paske Jan te yon moun senp.
1. Li te mande pou Senyè fè tonnè kraze moun Samari ki te refize yo lòjman. Jezi blanmen'l pou sa. Li aseptè egzotasyon an san pale.

2. Gen yon jou ki rive, Filip te bezwen èd nan evanjelizasyon nan Samari, li te dakò pou'l ale ansanm ak Pyè. Lik.9 : 52-56 ; Tra. 8 :14-17

III. Se paske Jan te emab
1. Li te konpanyon priyè Senyè a. Mat.17 : :1
2. Li te tèlman byen ak Senyè a ke li piye tèt li sou Senyè a pandan yo sou tab yap manje. Li te kap menm pale ak li nan zorèy pou mande'l ki moun ki pral trayi'l. Jan.13 :25

IV. Ki jan de enfliyans li te genyen
1. Nan tout apòt yo, se li ki te mouri andènye. Ap.22 :7-8
2. Se kounyeya n'ap jwi mesaj apòt Jan.

V. Men kesyon nap poze sou Krisyanis la
1. Eske nou pran Bib la tankou se li sèl ki Verite pou sove tout pechè, kèlke swa sa w te ye ?
2. Eske w pran lapryè tankou se te yon nouriti, tankou ou ta di se Jezi ki nan bouch ou?
3. Eske w jere byen Legliz ansanm ak dòtrin kretyen an tankou Jan ta kap okipe Mari manman Jezi?

Pou fini
Men sa nap di w nan jou Refomasyon an ! Eske wap asèpte Refòm saa ?

Kesyon

1. Pouki sa Jezi te renmen Jan? »
   Li te sensè, senp e emab.

2. Montre nou ke'l te sensè
   a. Nan lèt yo li ekri, venn nèf (29) fwa li di Jezi se
      La Vérité, sa vle di plis pase sa tout disip yo
      mete ansanm te di.
   b. Tout lòt disip yo te kouri. Li sèl ki te rete jouk
      sa fini ak Jezi devan tribinal la.
   c. Avan Jezi te mouri, li wè se sèl Jan li te kap bay
      reskonsab manman'l.
   d. Lè yo di'l Jezi leve pami mò yo, li te kouri al
      nan tonbo a pou'l wè ak de grenn zye'l.

3. Montre nou ki jan li te senp
   a. Li asèpte san pale egzotasyon Jezi te fè'l.
   b. Li al sove moun Samari ke li te vle boule ayè. Li
      pa gade yo rankin.

4. Montre ke li te emab
   Li te yon bon zanmi pou Jezi.
   Li pat pè poze'l nenpòt kesyon entim.

5. Ki sa li kite pou Krisianis la? Anwetan Apòt Pòl,
   se li ki te ekri pi plis liv.

6. Ki sa nou ta dwe fè yon rale sou li jodia ?
   a. Sou fason nap jere zafè Bondye nan Legliz yo
   b. Sou jan nou priye sitou pou beni manje nap
      manje yo.

Leson 10
Fèt Aksyon de gras

Vèsè pou prepare leson an: Eza. 37 : 36-38 ; 38 : 1-22

Vèsè pou li nan klas la : Eza.38 :16-22
Vèsè pou resite : Se moun ki vivan ase ki ka fè lwanj ou tankou mwen menm jòdi a. Eza.38 :19a
Fason pou fè leson an : Diskou, konparezon, kesyon
Bi leson an : Montre rekonesans nou a Bondye lè nou refè apre nou soti anba gwo maladi.

Pou komanse
Premye jès nou ta dwe fè apre Bondye finn beni nou, se pou nou fè lwanj pou li. Se sa wa Ezekyas te konprann e li te fè l 'byen, menm si li te anreta.

I. Pouki rezon li te bay Letènèl glwa?
1. **Premye rezon:**
   a. Bondye sove wayòm Jida lap gouvènen an anba men Sankerib, wa Asiri a. Eza.37 :36-38
   b. Lanj Letènèl la te touye 185 mil solda peyi Asiri a ki te vinn atake Izrayèl. Konsa moun sa yo mouri kite tout richès yo sou chann batay la. Se te koutim yo lè yo ale nan lagè. Yo mache ak tout byen yo posede. Ezekias ranmase yon richès li pap janm ka finn konte. Eza. 37 :36
   c. Li ta dwe menm lè a tire dim ak ofrann pou Bondye ki bay li viktwa san li pa tire yon kout peta. **Li bliye fè sa** !

II. Dezyèm rezon

Letènèl voye yon maladi sou li e li wè lanmò anfas. Pa gen espwa pou'l ni jwi byen yo, ni genyen yon eritye pou kontinye travay li. Ez 38 :1

1. Letènèl mande'l pou'l ekri Tèstaman paske'l pra'l touye'l. Se yon testaman ki ekri alamen, ki gen dat ak siyati moun nan kap mouri kite'l la Eza. 38 : 1
2. An nou wè sa kap pase nan kè Ezekias :
   a. Li fèk siyen tit milyadè.
   b. Wayòm li pral restore.
   c. Men lanmò ki vinn mande pou li. Eza.38 :1-2
   d. Setalò ke li kriye tankou ti moun piti devan Letènèl. Eza 38 : 3
   e. Letènèl tande kriye a e li bay li yon prolonjman pou kenzan. Eza.38 : 5

III. An nou wè ki jan li konpote' l lè'l refè

1. Li bay Letènèl glwa nan tanp la. Eza.38 :20
2. Li proklamen ke tout moun ki gen souf nan kò yo, dwe lwe Letènèl. Eza. 38 : 19

Pou fini

Eksperyans Ezekyas la ta dwe sifi pou nou. Kretyen, an nou konfòme nou.

152

Kesyon

1. Ki sa Bondye ap tann nou fè lè'l beni nou?
Pou nou bay li glwa

2. Nan Leson saa, ki moun nou wè ki lwe Letènèl ?
Wa Ezekyas

3. Pouki sa? Pou viktwa Bondye bay sou lame
Sankerib

4. Pouki sa Letènèl te anonse'l ke li pral frape 'l ak
yon maladi pou touye'l ?
   a. Paske li te pran twòp tan pou'l lwe Letènèl apre
   viktwa Bondye te bay.
   b. San dout li te okipe ap kontwole kantite richès li
   te genyen apre viktwa li sou Sankérib ?

5. Ki sa li fè kant li refè ? Li lwe Letènèl.

6. Ki sa yon Testaman olograf ye ?
Yon testaman ki ekri alamen, ki gen dat ak siyati
moun nan kap mouri kite'l la.

Leson 11
Ki sak fè m renmen Bib mwen

Vèsè pou prepare leson an : Sòm.19 :7 ; 23 :1 ; 91 :1 ;
119 :105 ; Mat. 16 :18 ; 18 :20 ; 24 :35 ; Jan.1 :14 ; 6 :63 ;
14 : 6 ; 15 :13 ; Ep.1 :17 ; Ebre.8 :11
Vèsè pou li nan klas la : Sòm.119 : 9-16
Vèsè pou resite : Kisa yon jenn gason dwe fè pou l'
mennen bak li dwat? Se pou l' toujou mache jan ou di l'
mache a. Sòm.119 :9
Fason pou fè leson an : Diskou, konparezon, kesyon
Bi leson an : Prezante Bib la tankou yon Liv ki pa gen
konparezon

Pou komanse
Ki sak fè w renmen Bib la? Ala yon kesyon papa ! Ebyen,
kite'm reponn ou :

I. Bib La pa kanmarad okenn liv sou tè a.
1. Se pa liv yon relijyon. Bib la se Pawòl Bondye ke li
   revele a lòm. Jan.1 :14
2. Li pale de plan Bondye pou lòm sou tè a ak nan lòt
   monn nan ki gen pou vini an. Jan.6 :63
3. Tout liv gen dwa pase mòd. Tan ke Bondye poko
   deside fen monn saa, Bib la ap toujou alamòd.
   Mat.24 : 35
   Syèl la ak tè a gen pou pase, men pawòl Bondye ap
   demere pou toutan. Mat.24 :35
4. Se yon liv pou fanmiy yo pou Bondye ka rete nan
   mitan nou. Mat. 18 :20

II. Ki jan de garanti li ofri a kretyen yo
1. Bib la se yon pwotèj pou kretyen yo devan fòs
   vizib ak fòs envizib. Sòm.91 :1 ; Mat.16 :18
2. Bib la se Sekirite sosyal nou, se Asirans vi nou, Se
   asiran Sante nou ke nou kap jwi pou tèt nou, pou
   toutan gen tan. Sòm.23 :1

3. Bib la se pwofesè nou. Depi w rele Bondye e ou louvri Bib la, Sentespri a kondi w nan tout verite a. Jan.15 :13
4. Bib la se yon gid pou mennen nou nan syèl. Jan.14 :6
Moun kap li Bib la, pa gen dwa sòt. Pawòl la fè moun sòt gen Lespri. Sòm.19 : 7b.
Bib la bay sajès e revelasyon nan konesans Bondye. Ef.1 :16

Pou fini
Si w vle sove, si w vle biznis ou mache, si w vle sove maryaj ou, si w vle pwoteje dèstine w, ou vle gen la pè, la jwa ak sekirite, kenbe Bib la fò! Sòm.119 :105

Kesyon

1. Ki rezon yon moun genyen pou w renmen Bib la ?
   a. Se pa liv yon relijyon men se Pawòl Bondye ke li revele a lòm.
   b. Li pale de plan Bondye pou lòm sou tè a e nan lòt monn nan ki gen pou vini an.
   c. Bib la ap toujou alamòd.
   d. Syèl la ak tè a gen pou pase, men pawòl Bondye ap rete pou toutan.
   e. Se yon liv pou fanmiy yo pou Bondye ka rete nan mitan nou

2. Ki sa Bib la ofri kretyen yo ?
   a. Bib la se yon pwotèj pou yo devan pisans Satan
   b. Bib la se Sekirite sosyal yo, se Asirans vi yo, Se asiran Sante yo
   c. Bib la se pwofesè yo.
   d. Bib la se yon gid pou mennen yo nan syèl.
   e. Moun kap li Bib la, pa gen dwa sòt.
   f. Bib la bay sajès e revelasyon nan konesans Bondye

4. Ki preskripsyon ou genyen pou sove yon nanm ? Bib La

5. Ki remèd ou genyen pou jwen bonè nan maryaj ? Bib La

6. Ki jan pou gade lapè nan fanmiy nou ? Bib La

7. Ki sekrè ou jwen pou moun viv an sekirite ? Bib La.

8. Vre ou fo
   a. Bib La se yon liv syans. __ V __ F
   b. Syans dakò ak Bib la. __ V __ F
   c. Bib La se Liv Bondye. __ V __ F

Leson 12
Ki jan pou yon moun ta dwe fete Nowèl

Vèsè pou prepare leson an : Ha.2 :6 ; Mat.6 :18 ; Jan.
1 :14 ; 6 :12 ; 12 :31 ; Lik.2 :7- 14 ; 4 : 18 ; 19 :10 ; Ap.21 :3
Vèsè pou li nan klas la : Jan.1 : 1-14
Vèsè pou resite : Pawòl la tounen moun. Li te vin viv nan
mitan nou, li mennen yon lavi ki te konfòm nèt ak verite a,
ak renmen nan tout kè li. Nou wè pouvwa li, se te pouvwa
Bondye Papa a te bay sèl Pitit li a. Jan .1 : 14
Fason pou fè leson an : Diskou, konparezon, kesyon
Bi leson an : Fè parèt vrè siyifikasyon Nowèl la

Pou komanse
Depi nou nan mwa Desanm, nou wè moun ak dekore kay
yo, ap monte desann nan magazen, ap achte ti jwèt pou ti
moun, nou di nou nan sezon Nowèl. Ki jan pou yon
moun ta dwe fete Nowèl ?

I. Toudabò ki sa Nowèl la pa ye?
1. Se pa yon fèt ti moun ni fèt pou bay kado a zanmi
   nou ononde Jezi ke nou pa bay.
2. Li pa non plis yon tan pou moun ap mache
   depanse tankou moun fou, pou w fè dèt ke ou pa
   kap peye. Abak. 2 : 6
3. Jezi pa dakò ak gaspiyaj. Jan.6 : 12

II. Ki sa li ye
1. Se fèt restorasyon lòm ki te pèdi, kote Mesi a
   vini pou sove'l. Lik.4 : 18 ; 19 :10 ; Jan. 1 : 14
2. Jezi fè ladesann nan kote ki pi baa pou pèson
   pa chèche èskiz pou di li pa kapab jwen li.
   Lik.2 :7
3. Nowèl se fèt konsolasyon pou pòv, ofelen ak
   vèv yo. Lik.4 : 18

4. Nowèl se jou pou tout avèg ak moun bwate ka fete. Lik.4 : 18

III. Ki sa Nowèl la pote ?

1. Li pote lapè pou tout moun ki gen bon volonte pou w asèpte l. Lik.2 : 14
2. Li pote jwa pou tout moun ki vle chèche Sovè a. Lik.2 :11
3. Li anonse lafen planèt Tè a ansanm ak jijman Satanledyab. Jan.12 :31
4. Li anonse maryaj Kris la ak Legliz. Mat.16 :18 ; Rev.21 :3

Pou fini

Fete Nowèl ak tout kè w. Syèl la ap fete ak ou. Fete nèt ale.

Kesyon

1. Ki jan moun yo degize fèt Nowèl la?
   Yo pran Nowèl la pou yon fèt pou bay ti moun
   jwèt e bay kado a zanmi yo.

2. Ki sa Nowèl pa ye ?
   a. Se pa yon fèt ti moun, ni fèt pou bay kado a
      zanmi nou ononde Jezi ke nou pa bay.
   b. Li pa non plis yon tan pou moun ap mache
      depanse tankou moun fou, pou w fè dèt ke ou
      pa kap peye.

3. Ki sa Nowèl la ye?
   a. Se fèt rekonsilyasyon Bondye ak lòm ki te pèdi.
   b. Se fèt restorasyon lòm ki te pèdi, kote Mesi a
      vini pou sove'l.
   c. Nowèl se fèt konsolasyon pou pòv, ofelen ak
      vèv yo.
   d. Nowèl se jou pou tout avèg ak moun bwate ka
      rejwi.

4. Ki sa Nowèl la pote ?
   a. Li pote lapè pou tout moun ki gen bòn
      volonte pou w asèpte l.
   b. Li pote jwa pou tout moun ki vle chèche Sovè
      a.
   c. Li anonse lafen planèt Tè a ansanm ak jijman
      Satanledyab.
   d. Li anonse maryaj Kris la ak Legliz li.

Lis vèsè yo

1. Bondye te voye m' vini devan pou ras nou an pa t'
fini nan peyi a, pou m' te ka sove lavi nou, pou nou
pa mouri.. Jen. 45 :7

2. Y'ap antere kadav nou tout nan dezè a. Nou tout ki
t'ap bougonnen sou mwen yo, nou tout yo te konte
lè resansman an, nou tout ki gen ventan ak sa ki pi
gran yo, nou yonn p'ap antre nan peyi a.
Nonb.14 :29

3. Tanpri, pa deplase kote ou ye a jouk m'a pote yon
ofrann mete nan pye ou. Li reponn: -M'ap rete la
tann ou.Jij.6 :18

4. Msye leve, li t'ap di nan kè l' l'ap soti anba kòd yo,
l'ap met deyò tankou lòt fwa yo. Men, li pa t' konnen
Seyè a pa t' avè l' ankò.   Jij.16 :20b

5. Samyèl pran yon ti poban lwil oliv, li vide l' sou tèt
Sayil. Apre sa, li bo l', epi li di l': -Seyè a ba ou
pouvwa pou gouvènen pèp Izrayèl la ki rele l' pa l'.
W'a gouvènen pèp li a, w'a delivre yo anba men tout
lènmi ki bò kote l' yo. Men sa k'ap fè ou wè se Seyè
a menm ki mete ou apa pou gouvènen pèp ki pou li
a. 1Sam.10 :1

6. Jonatan di jenn gason an: -Ann janbe lòt bò nan kan moun Filisti yo, bann moun sa yo ki pa sèvi Seyè a. Ou pa janm konnen, Seyè a ka ede nou. Paske pa gen anyen ki ka anpeche l' fè nou genyen, nou te mèt anpil, nou te mèt pa anpil. 1Sam.14 :6

7. Se konsa Izayi voye chache ti nonm lan. Yo mennen l' vini. Se te yon jenn gason ak bèl ti je, cheve l' te yon ti koulè kannèl, li te gen bèl figi. Seyè a di Samyèl: -Men li! Kanpe non, vide lwil sou tèt li. 1Sam.16 :12

8. Mwen te konnen ou anvan menm mwen te ba ou lavi nan vant manman ou. Mwen te mete ou apa pou mwen anvan menm ou te fèt. Mwen te chwazi ou pou ou te yon pwofèt pou nasyon yo. Je.1 :5

9. Pa gen anyen ki pou fè m' pi kontan pase lè m' tande pitit mwen yo ap viv dakò ak verite a. 3Jan.4

10. Se moun ki vivan ase ki ka fè lwanj ou tankou mwen menm jòdi a. Eza.38 :19a

11. Kisa yon jenn gason dwe fè pou l' mennen bak li dwat? Se pou l' toujou mache jan ou di l' mache a. Sòm.119 :9

12. Pawòl la tounen moun. Li te vin viv nan mitan nou, li mennen yon lavi ki te konfòm nèt ak verite a, ak renmen nan tout kè li. Nou wè pouvwa li, se te pouvwa Bondye Papa a te bay sèl Pitit li a. Jan.1 :14

Fèy evalyasyon

Nan douz leson yo ou soti wè a, ki lès nan yo ki pi
touche w ?

   a. Pou tèt pa w ?_____

   b.   Pou fanmy w? _____

   c.   Pou Legliz ou?_____

   d.   Pou peyi w?_____

2. Ki desizyon w apre klas la?

_____

3. Ki konsèy ou ta bay a Lekol dimanch la :

4. Kesyon pèsonèl :

   a. Ki jan de kontribisyon mwen te kap pote nan
      Legliz la?_____

   b. Ki jefò mwen fè pou m amelyore kondisyon l

   c. Si Jezi vini kounyeya, eske mwen pra l fyè de travay
      li te bay mwen fè ?

162

Lis sijè yo

164

Ti detay sou vi Pastè Renaut Pierre-Louis

Pastè nan Legliz Batis Saint Raphael,	1969
Diplômen nan Teoloji nan Seminè Batis Limbe,	1970
Diplômen nan Lekòl kontablite Julien Craan	1972
Pwofesè Angle ak Panyòl nan Collège	
Pratique du Nord au Cap-Haitien	1972
Pastè nan Premye Legliz Batis nan Cap-Haitien,	1972
Pastè nan Legliz Batis Redford,	
Cité Sainte Philomène,	1976
Diplômen nan Lekòl Avoka au Cap-Haitien	1979
Fondatè Collège Redford ak l'Ecole	
Professionnelle ESVOTEC,	1980
Pastè nan Legliz Batis Emmaüs à Fort Lauderdale	1994
Pastè nan Legliz Batis Péniel à Fort Lauderdale	1996

Pastè pandan senkantan (50) , Avoka, Poèt, Ekriven, Konpozitè Teyat, li jwe teyat

Jodia sèvitè Bondye sa pote pou nou «Dife Kap Briye a » Se yon liv pou enstri nou. Li gen gwo koze nan teoloji ladan. Li déjà fè gwo chanjman nan fason pou anseye nan Lekòl Dimanch e nan fason pou nou prezante mesaj Pawòl Bondye a.
Pastè yo, predikatè yo, monitè yo, kretyen ki gen zye klere yo, tanpri, pran Dife Anjandre a. Kan w fini, pase l bay yon lòt.
2 Tim. 2:2

Si w bezwen enfòmasyon sou liv yo ak brochi nou ekri yo, ou kap kontakte nou nan adrès sa yo :

Peniel Southside Baptist Church
P.O. Box 100323
Fort Lauderdale, FL 33310
Mobile: 954-242-8271
Phone : 954-525-2413
Website : www.theburningtorch.net
E-mail:renaut@theburningtorch.net
E-mail :renaut_cyrille@hotmail.com

www.ingramcontent.com/pod-product-compliance
Lightning Source LLC
Chambersburg PA
CBHW060232030426
42335CB00014B/1415